地域批評シリーズ56

これでいいのか
千葉県東葛・葛南

まえがき

本書は、千葉県の東葛（松戸・柏・野田・我孫子・流山・鎌ケ谷）及び葛南（船橋・市川・浦安・習志野・八千代）をテーマとして刊行したこれまでの地域批評シリーズに大幅な加筆訂正と書き下ろしを加え、文庫化したものである。

地域批評シリーズで千葉県の取材を開始したのは、『日本の特別地域14 これでいいのか千葉県東葛エリア』が刊行された2010年。以来、10年以上にわたり、千葉県全体のほか、千葉市や船橋市、松戸市や柏市といった、県内の主要都市にもスポットを当ててきた。なぜ千葉にこれだけこだわってきたのかといえば、当シリーズの素材として興味深い土地だから。千葉は同じ県内でも、エリアによって住む人の行動パターンや、地元への帰属意識が全然違うのだ。

千葉県内でも特異なポジションにおかれているのが、東京・埼玉・茨城に隣接した東葛・葛南エリアである。これらのエリアは、首都圏のベッドタウンとして人気が高く、とくに葛南には有名不動産会社が毎年発表する「住みたい街ランキング」にもたびたび名を連ねる街もある。一方で2010年前後はまだまだ発展途上だった東葛も、つくばエクスプレス開業による人口増加の波に乗り、かつては水をあけられていた葛南に匹敵するほどの発展を見せている。

これらのエリアは千葉というより、もはや東京の一部と化しており、同じ千葉県民から「東葛や葛南を千葉とは認めない！」なんて声が上がることもあるようだ。実際、人気に釣られて移り住んできた新住民のなかには、自分たちが千葉県民だという意識が薄い人が多く、彼らはたびたび「千葉都民」などと揶揄されてきた。

それだけの羨望や嫉妬の眼差しを向けられ、今や「首都圏最強ベッドタウン」としての呼び声も高い東葛・葛南だが、果たして、その実態は噂されているほど素晴らしいものなのだろうか？　本書では、東葛・葛南の歴史やその成り立ちを振り返りつつ、そこに住む人たちの特徴や生態、直面している問題などを多角的に分析・解説した。

コロナ禍に翻弄される激動の令和時代、ベッドタウンとして発展した東葛・葛南は、今後、街の在り方をどのように変化させていくべきなのか。その舵取りの方向性も模索していこう。

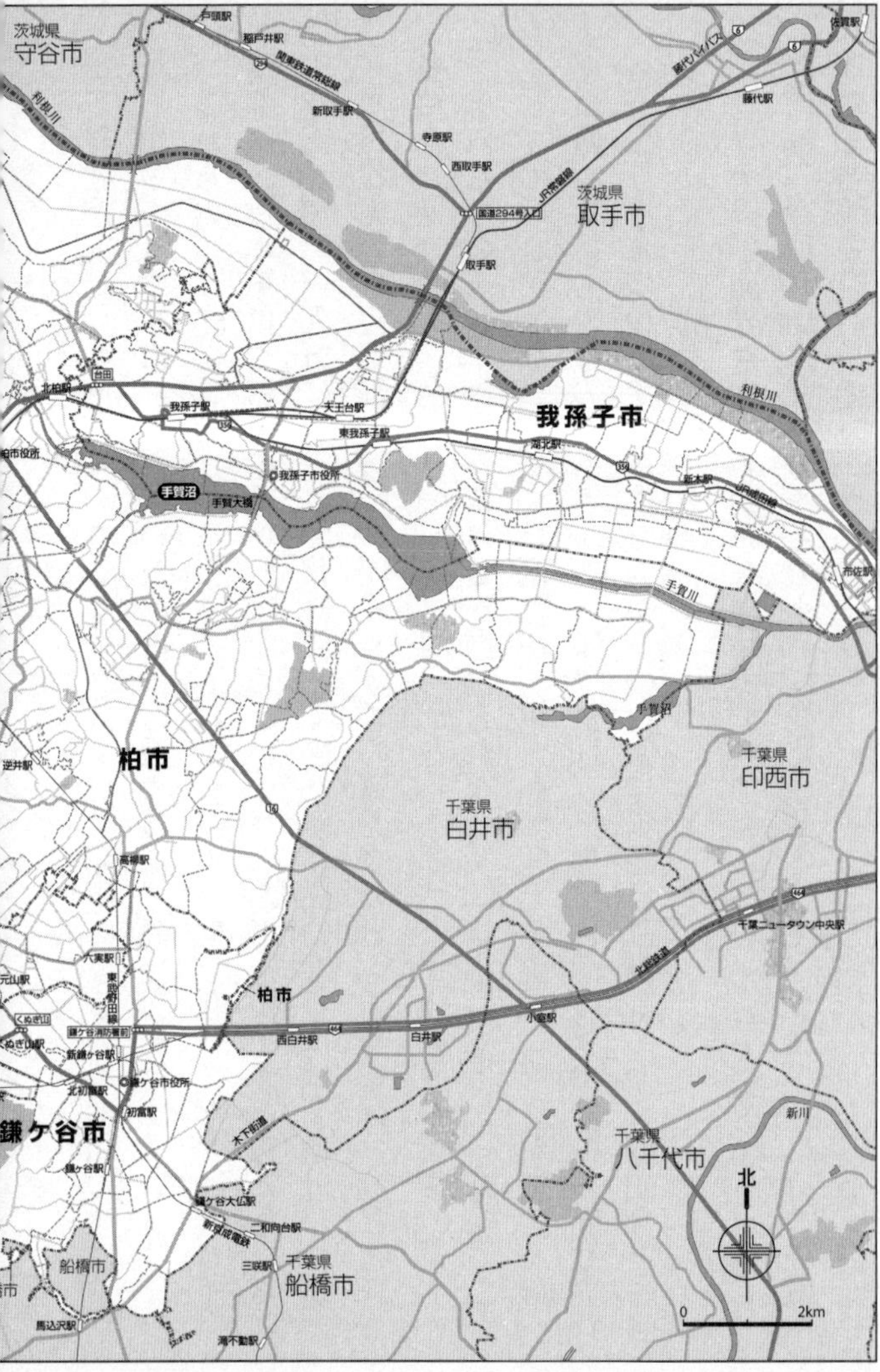

茨城県
守谷市
戸頭駅
稲戸井駅
関東鉄道常総線
新取手駅
寺原駅
西取手駅
国道294号入口
取手駅
JR常磐線
茨城県
取手市
藤代バイパス
佐貫駅
藤代駅
利根川
利根川
台田
北柏駅
我孫子駅
天王台駅
東我孫子駅
我孫子市
湖北駅
新木駅
JR成田線
柏市役所
我孫子市役所
手賀沼
手賀大橋
布佐駅
手賀川
手賀沼
千葉県
印西市
逆井駅
柏市
千葉県
白井市
高柳駅
千葉ニュータウン中央駅
北総鉄道
六実駅
東武野田線
五香駅
元山駅
柏市
くぬぎ山
鎌ケ谷消防署前
くぬぎ山駅
新鎌ヶ谷駅
西白井駅
白井駅
小室駅
鎌ケ谷市役所
北初富駅
初富駅
鎌ケ谷市
木下街道
新川
千葉県
八千代市
鎌ケ谷駅
鎌ケ谷大仏駅
二和向台駅
新京成電鉄
三咲駅
千葉県
船橋市
船橋市
馬込沢駅
滝不動駅
北
0
2km

東葛地図

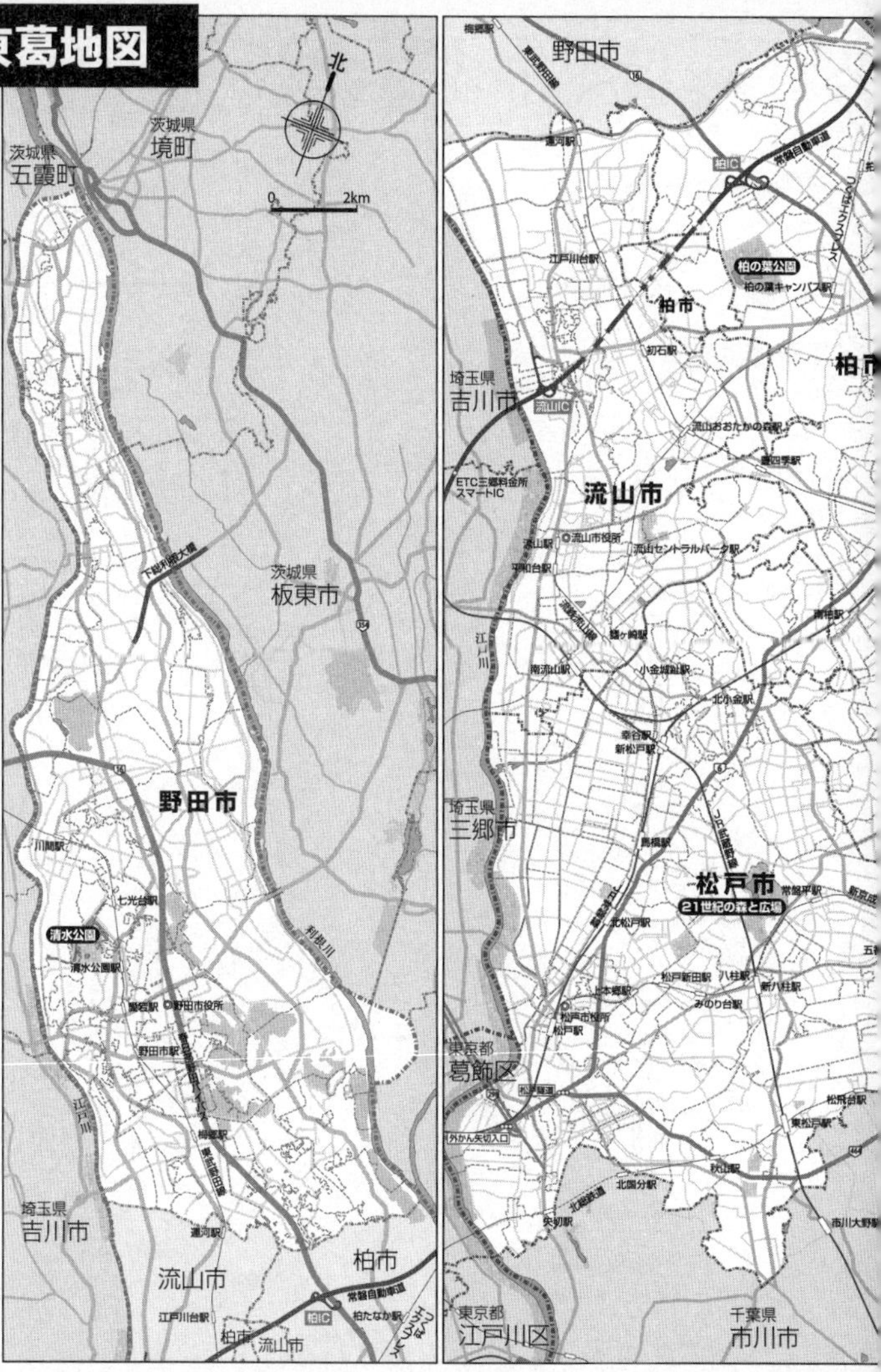

北
0
2km
茨城県
境町
茨城県
五霞町
下総利根大橋
茨城県
板東市
354
16
野田市
川間駅
七光台駅
清水公園
清水公園駅
愛宕駅
野田市役所
野田市駅
利根川
江戸川
柳幸駅
東武野田線
埼玉県
吉川市
運河駅
流山市
柏市
常磐自動車道
柏IC
江戸川台駅
柏たなか駅
柏市
流山市
梅郷駅
野田市
16
東武野田線
運河駅
柏IC
常磐自動車道
つくばエクスプレス
江戸川台駅
柏の葉公園
柏の葉キャンパス駅
柏市
初石駅
柏市
埼玉県
吉川市
流山IC
流山おおたかの森駅
豊四季駅
ETC三郷料金所
スマートIC
流山市
流山市役所
流山駅
流山セントラルパーク駅
平和台駅
南柏駅
鰭ケ崎駅
江戸川
南流山駅
小金城趾駅
北小金駅
幸谷駅
新松戸駅
6
JR武蔵野線
埼玉県
三郷市
馬橋駅
松戸市
常盤平駅
21世紀の森と広場
北松戸駅
松戸新田駅
八柱駅
新八柱駅
みのり台駅
上本郷駅
松戸市役所
松戸駅
東京都
葛飾区
松戸隧道
外かん矢切入口
松飛台駅
東松戸駅
464
秋山駅
北国分駅
北総鉄道
矢切駅
市川大野駅
東京都
江戸川区
千葉県
市川市

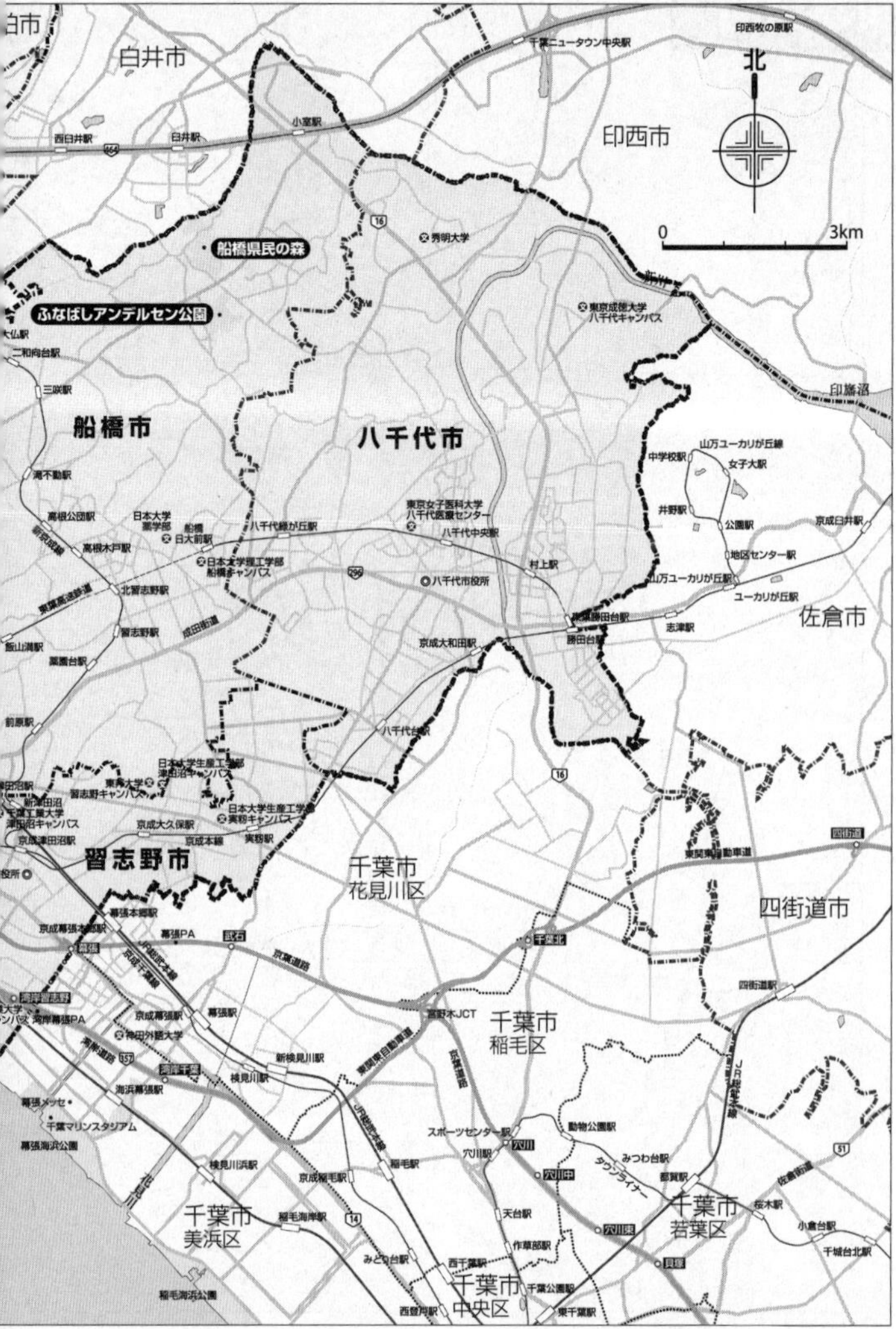

白井市
千葉ニュータウン中央駅
印西牧の原駅
北
0
3km
小室駅
西白井駅
白井駅
印西市
秀明大学
船橋県民の森
ふなばしアンデルセン公園
東京成徳大学
八千代キャンパス
二和向台駅
三咲駅
印旛沼
船橋市
八千代市
山万ユーカリが丘線
中学校駅
女子大駅
滝不動駅
井野駅
公園駅
京成臼井駅
高根公団駅
日本大学
薬学部
船橋日大前駅
八千代緑が丘駅
東京女子医科大学
八千代医療センター
八千代中央駅
高根木戸駅
地区センター駅
日本大学理工学部
船橋キャンパス
村上駅
八千代市役所
北習志野駅
山万ユーカリが丘駅
ユーカリが丘駅
京成勝田台駅
佐倉市
習志野駅
成田街道
志津駅
飯山満駅
京成大和田駅
勝田台駅
薬園台駅
前原駅
八千代台駅
日本大学生産工学部
津田沼キャンパス
東邦大学
習志野キャンパス
新津田沼
千葉工業大学
津田沼キャンパス
日本大学生産工学部
実籾キャンパス
京成大久保駅
京成津田沼駅
京成本線
実籾駅
東関東自動車道
四街道
習志野市
千葉市
花見川区
四街道市
幕張本郷駅
京成幕張本郷駅
幕張PA
武石
千葉北
京葉道路
幕張
湾岸習志野
湾岸幕張PA
京成幕張駅
幕張駅
宮野木JCT
千葉市
稲毛区
四街道駅
神田外語大学
湾岸道路
新検見川駅
湾岸千葉
検見川駅
海浜幕張駅
幕張メッセ
千葉マリンスタジアム
幕張海浜公園
スポーツセンター駅
穴川
動物公園駅
穴川駅
穴川中
みつわ台駅
タウンライナー
検見川浜駅
京成稲毛駅
稲毛駅
都賀駅
佐倉街道
千葉市
若葉区
桜木駅
千葉市
美浜区
稲毛海岸駅
天台駅
穴川東
小倉台駅
作草部駅
千城台北駅
みどり台駅
西千葉駅
貝塚
千葉市
中央区
千葉公園駅
西登戸駅
東千葉駅
稲毛海浜公園

葛南地図

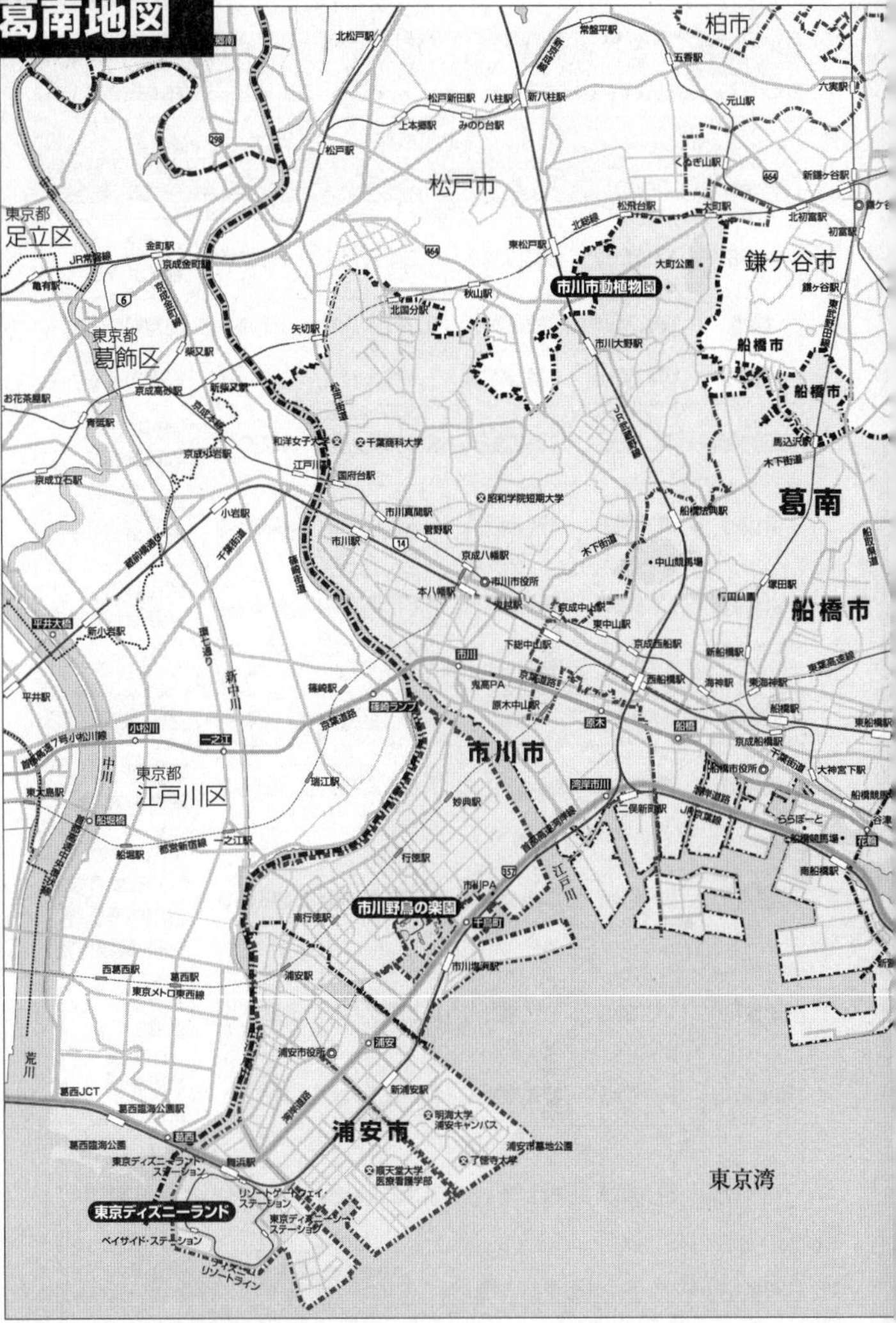
柏市
常盤平駅
北松戸駅
五香駅
六実駅
松戸新田駅
八柱駅
新八柱駅
元山駅
上本郷駅
みのり台駅
松戸駅
くぬぎ山駅
新鎌ヶ谷駅
松戸市
東京都
足立区
北総線
松飛台駅
大町駅
北初富駅
初富駅
金町駅
JR常磐線
京成金町駅
東松戸駅
鎌ケ谷市
亀有駅
大町公園
市川市動植物園
秋山駅
北国分駅
鎌ヶ谷駅
東武野田線
東京都
葛飾区
矢切駅
市川大野駅
船橋市
柴又駅
お花茶屋駅
京成高砂駅
新柴又駅
青砥駅
和洋女子大学
千葉商科大学
馬込沢駅
京成小岩駅
江戸川駅
国府台駅
木下街道
京成立石駅
昭和学院短期大学
船橋法典駅
葛南
小岩駅
市川真間駅
菅野駅
市川駅
京成八幡駅
木下街道
中山競馬場
市川市役所
本八幡駅
京成中山駅
東中山駅
塚田駅
船橋市
平井大橋
新小岩駅
下総中山駅
京成西船駅
新船橋駅
市川
鬼高PA
西船橋駅
海神駅
東海神駅
篠崎駅
原木中山駅
平井駅
篠崎ランプ
京葉道路
船橋駅
原木
船橋
東船橋駅
京成船橋駅
小松川
一之江
市川市
船橋市役所
大神宮下駅
東京都
江戸川区
瑞江駅
湾岸市川
妙典駅
二俣新町駅
東大島駅
船堀橋
ららぽーと
船橋競馬場
一之江駅
船堀駅
都営新宿線
行徳駅
南船橋駅
市川PA
江戸川
市川野鳥の楽園
南行徳駅
千鳥町
市川塩浜駅
西葛西駅
葛西駅
浦安駅
東京メトロ東西線
浦安
浦安市役所
荒川
新浦安駅
葛西JCT
葛西臨海公園駅
明海大学
浦安キャンパス
浦安市
葛西
葛西臨海公園
浦安市墓地公園
東京ディズニーランド・ステーション
舞浜駅
了徳寺大学
順天堂大学
医療看護学部
東京湾
リゾートゲートウェイ・ステーション
東京ディズニーランド
東京ディズニーシー・ステーション
ベイサイド・ステーション
ディズニーリゾートライン

東葛・葛南基礎データ

東葛地域					
都市名	面積	人口	人口密度	団体コード	市役所所在地
松戸市	61.38㎢	493,193人	8,035人/㎢	12207-6	松戸市 根本387-5
柏市	114.74㎢	432,724人	3,771人/㎢	12217-3	柏市柏5-10-1
野田市	103.55㎢	154,322人	1,490人/㎢	12208-4	野田市鶴奉7-1
我孫子市	43.15㎢	131,725人	3,053人/㎢	12222-0	我孫子市 我孫子1858
流山市	35.32㎢	198,388人	5,617人/㎢	12220-3	流山市 平和台1-1-1
鎌ケ谷市	21.08㎢	109,871人	5,212人/㎢	12224-6	鎌ケ谷市 新鎌ケ谷2-6-1

葛南地域					
都市名	面積	人口	人口密度	団体コード	市役所所在地
船橋市	85.62㎢	644,151人	7,523人/㎢	12204-1	船橋市 湊町2-10-25
市川市	57.45㎢	492,393人	8,571人/㎢	12203-3	市川市八幡 1-1-1(本庁舎) 市川市南八幡 2-20-2(仮庁舎)
浦安市	17.30㎢	170,852人	9,876人/㎢	12227-1	浦安市 猫実1-1-1
習志野市	20.97㎢	175,109人	8,350人/㎢	12216-5	習志野市 鷺沼2-1-1
八千代市	51.39㎢	201,557人	3,922人/㎢	12221-1	八千代市 大和田新田 312-5

※東葛地域の各都市の人口は 2020 年 9 月 1 日現在
葛南地域の各都市の人口は船橋市が 2020 年 9 月 1 日現在、その他の都市の人口は 2020 年 8 月 31 日現在

まえがき……2
東葛地図……4
葛南地図……6
東葛・葛南基礎データ……8

●第1章●【意外と知らない東葛・葛南の歴史】……15
古代からの人気スポット⁉ 域内に残る多数の遺跡群……16
安定期を迎えたかに思えた中世 しかし再び戦火は広がり……23
深まる徳川将軍家との縁 江戸近郊の生産地として発展……30
衛星都市の性格を強めた近現代の東葛と葛南……38
東葛・葛南コラム1 松戸側には何もない〝矢切の渡し〟……45

●第2章●【東葛・葛南ってどんなとこ】……49
10年前は発展途上だった東葛 葛南との差は埋まったのか……50
首都圏西部人にはピンとこない葛南って一体どんなとこ?……56
つくばエクスプレスが変えた東葛の勢力図……64
過密と空白が入り混じる葛南の極端な鉄道事情……76
東葛は意外と治安が良い! むしろ葛南のほうが危険!?……84
東葛と葛南で住みごこちが良いのは? 人気ベッドタウンの真実……92
気になる教育事情 進学校は東葛より葛南に集中?……100
東葛・葛南コラム2 ご当地アイドルもヴァーチャル時代へ……107
●第3章●【東葛・葛南住民ってどんな人たち?】……111

松戸民の意外な地元愛とヤンキー文化の名残……112
東葛の勝ち組ゆえの余裕に満ちた柏民……119
忘れかけられた我孫子 ショボいところが逆に魅力⁉……126
生まれ変わった流山 意識の高い新住民たち……131
「醤油しかない」のは市民だって理解している野田……136
鎌ケ谷の知名度と立地が生んだ市民の消極的な地元愛……142
船橋市民、通称「バシッ子」はららぽーとで青春を過ごす……145
東京との同化が進行中？ 千葉の威信がもっとも薄い市川……150
千葉なのにお高く止まる浦安と浦安市民の現在地……155
習志野市民って地味じゃない？ ビミョーな理由を探ってみた……160
ついに人口20万人突破！ だけど悩みも多い八千代市民……165
東葛・葛南コラム３ 新手の「○○都民」も誕生⁉……170

●第4章●【東葛の劇的に変わる街と変わらない街】……173

柏に追い付け！ と威勢はいいが…… 松戸駅周辺再開発の惨状……174
汚い街からキレイな街へ 新松戸のビフォーアフター……187
まだまだ空き地だらけでも東松戸のポテンシャルは益々上がる……197
どうなる柏のそごう跡地 市街地のテコ入れはいつ終わる？……210
スマートシティを世界に！ 実験都市・柏の葉の可能性……220
大都市・柏に残された最後の秘境に未来はある？……229
逃した魚はデカかった…… 後悔し続ける我孫子の現状……235
地域格差激しい流山は勝ち組か負け組か……241
厳しく追及された野田市と柏児童相談所 東葛の児童問題の今……246
東葛・葛南コラム4 「東京」でも自慢できない八柱霊園……251

●第5章●【東京化する葛南の実像】……255
進展遅い西武船橋店跡地の再開発はどうなった？……256
金はあっても名門校はない浦安 高等教育には向かない地なのか？……263
市川市がついに中核市移行に舵を切った！……269
市川でタワマン問題がほとんど起きない理由……273
八千代市民の悲願！ 鉄道運賃値下げのカギとは⁉……280
世界が認めた自然財産 谷津干潟の現状と課題……287
東葛・葛南コラム5　千葉ニュータウンは東葛か葛南か……294
●第6章●【新時代のベッドタウンの模範になれ！】……297
東葛と葛南はベッドタウンとして「首都圏最強」を名乗るに値する？……298

東葛と葛南が目指すべき未来の地域の理想像とは……307

あとがき……316
参考文献……318

第1章

意外と知らない
東葛・葛南の歴史

古代からの人気スポット!?域内に残る多数の遺跡群

漁場として栄えた縄文時代の東葛・葛南

さて、東葛・葛南について語るうえで、まずはその大まかな歴史を古代から現代にかけて振り返ってみよう。

東葛・葛南に人が住み始めたのは、今からおよそ3万年前の旧石器時代のこと。このころはかなり寒冷な気候だったようで、海面も現在より100メートル以上低く、東京湾は陸地だった。人々は長期間ひとつの場所に留まることなく、滞在と移動を繰り返しながら狩猟や採集を行っていたようだ。

縄文時代に入って気候が温暖化すると、海面が上昇し、現在の市川市を中心とした一帯は遠浅の入り江となった。この地域は絶好の漁場であったことから、多くの人が住みつき、貝塚なども多く残されている。現代ではベッドタウンとして地位を確立している東葛・葛南だが、はるか昔の縄文時代にもすでに人気の居住地域だったとはちょっと驚きだ。

古墳時代には水田稲作を中心とした農耕社会へと発展し、人々の中には豪族として権力を持つ者が現れ始める。市川市の国府台などをはじめとした地域には、そうした豪族たちの墓である古墳（国府台古墳、法皇塚古墳、丸山古墳）が群集しており、当時の彼らの隆盛っぷりがうかがい知れる。

市川にあった下総国の国府

大化の改新のあと、律令制が施行されると、東葛・葛南エリアのほとんどは下総国（葛飾郡）に属することとなった。中でも現在の市川市には政治の中心となる国府が置かれ、常陸・上総・安房へと通じる交通の要衝として発展していく。当時の文人たちも多く行き交ったようで、『万葉集』には山部赤人や高橋虫麻呂が、この地に伝わる「真間の手児奈（ままのてごな）伝説」について詠んだ歌が収録されていたりする。ちなみに、この伝説というのは、美貌ゆえに多くの男性から求愛された手児奈という少女が、自分をめぐる争いを避けるために自ら命を絶つという悲劇のストーリーだ。ほかにも、時代はかわるが『更級日記』において、作者が上京する際に下総国を通ったという記述があったりする。この時代の東国というと、かなり田舎のイメージだが、さすがに地方政治の中心地ともなれば、それなりに栄えていたようだ。

戦に巻き込まれた波乱の平安時代

平安時代になると、下総国を含む関東では、中央から派遣された国司などの役人が任期終了後にそのまま土着したほか、在地領主や富豪農民といった新興勢力も幅を利かせるようになり、領地や権益をめぐる争いが徐々に表面化するようになっていく。そうした流れの中で勃発したのが、平将門の乱（承平天慶の乱）だ。

平将門がどんなルーツを持つ人物かというと、彼は桓武天皇の血を引きながら臣籍に下った高望王の子孫である、桓武平氏系の一族だった。将門は下総国佐倉に所領を持つ父・良将のもとを離れ、京に上って朝廷に中級官人として出仕していたが、良将が早世したため帰郷する。しかし、父の所領の多くが伯父の国香、良兼に横領されたようで、将門は下総国豊田を本拠にして勢力を培うこととなる。当然、土地を横取りするような親類との争いは絶えず、ついには一族同士で殺し合いを始め、それはやがて朝廷に反旗を翻す大戦へと発展していった。

東葛・葛南の各地には、今でも平将門にまつわる伝説が数多く残されており、たとえば野田市木間ケ瀬の駒形神社は、平将門の馬を祀った神社といわれている。ほかにも、松戸市の妙見神社や、市川市の駒形大神社など、数えだせばキリがない。平将門は、それだけ東葛・葛南に縁が深い人物なのである。実際、地元の人にも将門公びいきは多いようで、初詣などの際も、将門公討伐を祈願して建てられた成田山新勝寺には行かないなんてこだわりを持っていたりするらしい。

自ら新皇を名乗り、関東で独立国を立ち上げた将門だったが、ほどなくして藤原秀郷（俵藤太）によって討伐され、その首は平安京まで運ばれたのち、さらし首にされた。ちなみに流山市には、藤原秀郷が将門討伐の成功を祈願したとされる東福寺が残っている。

平将門の乱が平定されたのも束の間、今度は下総・上総・常陸に多くの領地を持つ平忠常によって、朝廷を相手取った戦が引き起こされる（平忠常の乱）。現在の東葛・葛南を含む下総国も戦場となり、合戦の被害や官軍による強引な徴発によって大いに荒廃したという。東国の武士は勇猛だったという話はよく聞くが、さすがに血の気が多すぎて、その土地に住む民草にとってはたまったもんじゃなかっただろう。

平安時代の末期になっても領地をめぐる小競り合いは続いていたが、1180年に源頼朝が関東へ落ち延びてきたことで事態は一変。当時の房総で台頭していた千葉氏（平忠常の嫡流の子孫）が、頼朝を支援し功績をあげたことで、鎌倉幕府の重臣となる。以後、千葉氏は鎌倉時代から室町時代にかけて、総州の支配者としての確固たる地位を築くことになる。

東葛・葛南の主な歴史（古代）

時代	西暦	事柄
旧石器	ー	徐々に人が住み始める。各地に遺跡が残る（法蓮寺山遺跡・八人割遺跡・西ノ台遺跡など）
縄文	ー	漁場として栄え、貝塚など多くの遺跡が残る（佐倉道南遺跡・飛ノ台貝塚、幸田貝塚など）
弥生	ー	農業集落が広がる。小塚山遺跡、殿台遺跡、夏見大塚遺跡・夏見台遺跡・立場遺跡などが残る
古墳	ー	稲作を中心とした農耕社会へ発展し、豪族が誕生する。国府台古墳、法王塚古墳、外原遺跡・白井先遺跡・海神台西遺跡、河原塚古墳など
奈良	ー	律令制が敷かれ、現在の東葛・葛南エリアのほとんどが下総国葛飾郡に属する。国府は現在の市川に置かれた
平安	805年	東海道の経路が変更される（のちの水戸街道）
	807年	空海が布施弁天に東海寺を建立
	863年	『日本三代実録』に下総国意富比神（船橋）の名がみえる
	940年	天慶の乱で平将門が滅亡する
	1020年	『更級日記』に下総国の記述がある
	1138年	夏見など一部地域が伊勢神宮神領となる
	1180年	源頼朝が下総国府に入り千葉常胤と会合

※各種資料により作成

旧石器〜縄文時代のものとみられる松戸の行人台遺跡。遺跡があったことを示す棒が立っているだけで、当時の面影は残っていない

松戸市の八柱駅近くにある白髭神社。平将門が関八州を平定する過程で犠牲となった武士の慰霊と怨霊封じのために建てられた

安定期を迎えたかに思えた中世しかし再び戦火は広がり…

千葉氏の支配下に置かれた下総国

先に述べた通り、鎌倉時代に現在の東葛・葛南を含む下総国を支配したのは、鎌倉幕府創設に貢献した千葉氏の一族だった。桓武平氏の一流である平忠常を祖とするこの一族は、石橋山の戦いに敗れて関東へ逃れた源頼朝の求めに応じ、これに加勢して平家や奥州藤原氏との戦いで功績を上げた。武勲を認められた千葉氏は、下総国の守護に任ぜられることとなる。

頼朝が鎌倉幕府を開く以前の下総国では、複数の勢力の間で領地をめぐる小競り合いが続いており、千葉氏の一族もそうした勢力のひとつに過ぎなかった。しかし、頼朝の挙兵に応じて名を上げた千葉氏は、鎌倉幕府の重臣入りを果たし、強まった支配力は下総国だけでなく、上総国にまで及ぶに至る。千葉氏は、歴史の大きな転換期に上手く乗じることのできた、いわば勝ち組の武家だったといえるだろう。

現在の千葉県内には千葉氏にゆかりのある地が多数あり、東葛・葛南にも、千葉氏の館跡に祀られたとされる風早神社（松戸市）や、千葉氏あるいはその家臣たちと関係があると推測される城跡などが存在している。習志野市なども千葉氏一族の勢力下にあったと考えられているが、当時の資料はほとんど残っていないため、どこの土地をどういった武将が治めていたといった、詳しい実態についてはわかっていないようだ。なお、鎌倉時代に編纂された歴史書である『吾妻鏡』には、「船橋」や「鷺沼」といった、現在の東葛・葛南の地名と思しき記述が登場していたりする。

鎌倉時代を通して下総国に地盤を築いた千葉氏だったが、必ずしも順風満帆というわけではなく、北条氏のライバルだった三浦氏と縁戚関係にあったことが原因で領地を取り上げられたり、一族内部で家督争いが起きたりと、徐々にその勢力を弱めていく。しかし、北条氏との関係を良好に保つべく、婚姻関係を結ぶなどの努力を続け、なんとか鎌倉幕府における有力御家人としての地位を守っていった。

激化する権力争いと千葉氏の滅亡

室町時代に入ると、千葉氏は室町幕府初代将軍・足利尊氏に重用され、下総国に加えて伊賀国や遠江国など複数の所領を任されるようになる。千葉氏は東国を支配するために置かれた鎌倉府に仕えたが、足利将軍家の人間が務める「鎌倉公方」と、その補佐として上杉氏（将軍家の縁戚であった）が務める「関東管領」の対立が深まり、千葉氏も両者の争いに巻き込まれてしまう。千葉氏も公方側と管領側に分裂し、１４５５年に鎌倉公方・足利成氏らが関東管領・上杉憲忠を暗殺したこと（享徳の乱）を発端に、関東は戦国時代へと突入。さまざまな勢力の思惑が入り乱れるなか、千葉氏も一族同士の血で血を洗う戦いを余儀なくされる。その結果として、千葉氏の嫡流は事実上の滅亡を迎えることとなった。

戦国の東葛で台頭した高城氏

戦国武将たちの争いが激しさを増すなか、次に東葛で頭角を現したのが、一説には千葉氏の流れを汲むといわれる高城氏だ。高城氏は、現在の市川市にあったとされる国府台城の一帯で繰り広げられた戦い（国府台の合戦）にて、北条氏に味方し武勲を上げたと伝えられている。ちなみに現在、国府台城があった場所は「里見公園」として整備され、桜の名所となっている。城の遺構は宅地開発などによって失われた部分もあるが、堀切や空堀、土塁跡や櫓台の跡は残っており、当時の姿をうかがわせる。

高城氏は現在の松戸市にあたる一帯を本拠地とし、根木内城や小金城を築城した。その遺構は現在も松戸市内に残っており、たとえば流鉄流山線の小金城址駅からは、かつての小金城の遺構（今は大谷口歴史公園となっている）にアクセスできる。比較的都内からも近いし、史跡巡りが好きなら、小旅行気分で立ち寄ってみるのもいいかもしれない。とはいえ、単線しか通っていない田舎なうえ、宅地開発で遺構の大部分が破壊されてしまったので、過度な期待はし

東葛・葛南の主な歴史（中世）

時代	西暦	事柄
鎌倉	1185年	千葉常胤が下総の守護に任ぜられる
	1186年	『吾妻鏡』に船橋御厨の名が記載
	1254年	馬橋に万満寺が建立される
	1274年	千葉頼胤が九州出陣（蒙古襲来）。千葉氏は下総と九州の二流に分かれる
	1277年	豪族・平賀忠晴の屋敷内に長谷山本土寺が開堂
	1286年	この年の板碑が大神保西福寺に残る
	1331年	『中山法華経寺文書』に古牟呂村（小室）の名が確認される
室町	1455年	馬加康胤・原胤房連合軍が千葉城を焼打。千葉氏宗家滅亡
	1478年	酒井根原合戦が行われる
	1481年	小金に東漸寺が建立される
	1537年	高城氏が小金城を築く
	1538年	第一次国府台合戦。足利義明が討死に、後北条氏が下総国を支配する
	1564年	第二次国府台合戦（里見氏と後北条氏の対立）
安土桃山	1590年	豊臣秀吉が小田原に侵攻し、後北条氏を滅ぼす。その後、徳川家康が関東に移封され、船橋などがその支配下となる

※各種資料により作成

ないでもらいたい（ノスタルジックな気分に浸りたいならオススメだ）。

高城氏は北条家に従う他国衆に組み込まれ、1590年に豊臣秀吉による小田原征伐が行われた際にも、北条側に味方して小田原城に籠城した。しかし、豊臣軍の圧倒的な兵力を前に敗北を悟ると、家臣に降伏を命じ、居城としていた小金城を豊臣軍の浅野長政らに明け渡した。

その後、徳川家康が関東に入府すると、東葛・葛南はその支配下に置かれ、家康は255万石におよぶ領国に家臣を配置して支配するようになる。かねてより争いの絶えなかった関東はようやく平和な時代を迎え、東葛・葛南も水戸街道の整備などとともに発展していくのだった。

松戸市上本郷駅から少し歩いた場所にある風早神社。その名前は千葉一族の血を引く風早四郎胤康に由来している

里見公園の国府台城址。時代を越えてさまざまな戦いの舞台になったこの場所も、今は市民の憩いの場である

深まる徳川将軍家との縁
江戸近郊の生産地として発展

水戸街道の整備がもたらしたもの

江戸時代の東葛・葛南について記すべきは、やはり水戸街道の宿場町として発展を遂げた松戸と小金、我孫子あたりだろう。政治や文化の中心である江戸にほど近く、人の往来の絶えなかったこれらの宿場町には、大名の宿泊施設である本陣や脇本陣、一般人の宿である旅籠が軒を連ねた。また、松戸の江戸川沿いには、かの有名な「矢切の渡し」のほか、銚子方面で獲れた鮮魚を江戸に運ぶための中継所「河の港」があった。現在は団地や工業地帯になっている松戸の常盤平・松飛台・五香六実の一帯には「小金原（小金牧）」という幕府直轄の放牧場があったりと、当時の人やモノの流れの中継点として、松戸や小金は重要な役割を担っていたのである。松戸駅近くの旧水戸街道沿いを歩いてみると、今も「松戸宿」と書かれた提灯が店先に飾ってあったり、江戸当時を偲ばせる古い建物が一部残されており、街のアイデンティティである宿場町としての歴史をアピールしようとしているのが見て取れる。ただ、かつての本陣跡なんかはアパートになっていたりと、歴史保全の意識が高いんだか低いんだかわからないところが惜しい！

小金原で行われた将軍の御鹿（おしし）狩り

東葛・葛南のなかでも、松戸という土地はもっとも江戸に近いこともあり、江戸幕府＝将軍家とのかかわりが深い場所だった。たとえば、松戸には水戸黄門（徳川光圀公）にまつわる逸話がいくつも残されている。

また、幕府直轄の放牧場だった小金原では、1725年に時の将軍・徳川吉宗によって大規模な御鹿狩りが行われている。御鹿狩りとは、将軍が自ら出向いて行う大規模な狩りのことで、その目的は娯楽のほか、軍事演習や将軍の示威、鹿や猪、野犬などの作物を荒らす害獣を一斉駆除することなどにあったとされる。騎兵500人、歩兵2000人の旗本武士に加え、動物を追い立てる役として近隣の村々からおよそ1万5000人にも及ぶ人足を集めて参加させたというから、その並外れたスケールとともに、当時の将軍の権力の絶大さを思い知らされる。8代将軍の徳川吉宗も自ら馬を駆って害獣を仕留めたようだが、捕らえられた動物たちに同情したのか、せっかく捕まえた動物の大半を逃がしてしまったという。わざわざ付き合わされた家臣や百姓たちにしてみれば、なんともはた迷惑な話だ。御鹿狩りは将軍が代わったあとも何度か行われているが、江戸時代後期に行われたものは、異国との戦いを想定した軍事演習的な側面が強まっていったようだ。

思うように進まなかった手賀沼・印旛沼の干拓工事

江戸時代に幕府が東葛・葛南エリアで行った事業といえば、手賀沼や印旛沼の干拓が挙げられる。これらの干拓事業は洪水の防止や新田開発を目的とした

高度経済成長期の生活排水に汚染される前は、非常に美しかったと言われる手賀沼。今は我孫子市の象徴的存在だ

戊辰戦争期に起きた市川・船橋戦争において、新政府軍が陣を敷いた市川の弘法寺。奈良時代から続くとされる由緒あるお寺

もので、地元の有志が幕府に工事の許可を願い出たり、逆に幕府側から要請して工事する者を募ることもあった。手賀沼や印旛沼の干拓事業は数度にわたって行われているが、資金不足や川の氾濫などに阻まれ、思うように工事は進まなかった。干拓事業を主導していた幕府の要人が失脚したことで工事が頓挫するケースもあったようだ。

結局のところ、本格的な干拓事業が再開されたのは昭和の戦後に入ってからで、それでも工事を完了するまでに20〜30年もの歳月を要している。水田が開かれたことで沼の形は大きく変わり、周辺の宅地化も進んだが、生活排水の大量流入などによって沼の水質が悪化するなどのデメリットもあった。

明治維新の戦場となった葛南

さて、幕末の戊辰戦争と聞くと、鳥羽伏見の戦いや会津戦争、函館戦争などが有名だが、実は葛南でも市川・船橋戦争（船橋の戦い）と呼ばれる戦いが起こっている。これは、江戸無血開城に不満を抱き江戸を脱出した旧幕府軍勢力の撤兵（さっぺい）隊と、岡山藩や女濃津藩からなる新政府軍の間で繰り広げられた戦いだった。撤兵隊を率いていたのは、のちに教育者・政治家として活躍する江原素六（鋳三郎）という人物。江原は当初、旧幕府軍の劣勢を悟り降伏する気でいたが、徹底抗戦を望む隊内の強硬派をなだめきれず、やむなく戦いを決意したという。

旧幕府軍が船橋大神宮に本陣を構え、中山法華経寺にも兵を置いたのに対し、新政府軍は国府台近くの弘法寺に本陣を敷き、行徳や八幡、鎌ケ谷に兵を置いた。戦いは序盤、先手をうった旧幕府軍の優位に進むかと思われたが、混乱する戦局のなかで旧幕府軍は次第に追い詰められ潰走した。隊長の江原も銃弾を受けたが、命からがら逃げ延びている。新政府軍は撤兵隊の残党を狩るために船橋宿に火を放ち、800以上の家が焼失するなど、この戦争は当地に甚大な被害をもたらした。鎌ケ谷などには、この戦いで命を落とした官軍兵士の墓が今でも残されている。

東葛・葛南の主な歴史（近世）

時代	西暦	事柄
江戸	1614年	徳川家康の東金鷹狩(御成街道と御茶屋御殿を建設)。軍馬育成牧場の小金牧が設置される
	1615年	徳川家康が船橋御殿に泊まる。佐倉藩主土井利勝が江戸〜佐倉間の道(現成田街道)を開く
	1626年	松戸神社が建立される
	1657年	水戸光圀公が松戸神社に弓矢を奉納
	1670年	手賀沼の干拓が始まる
	1675年	このころ藤原、上山、丸山、前原、滝台、行田、神保などの新田が開墾される
	1721年	了源寺(船橋市)の境内で大砲の試射が行われる
	1722年	下総薬園(小金野薬園)が開かれる
	1725年	小金原で将軍の御鹿狩りが行われる
	1783年	幕府が印旛沼掘割工事を行う
	1785年	西海神浜で塩業が再興される
	1786年	利根川の大洪水で印旛沼周辺の村が被害を受ける
	1795年	11代将軍徳川家斉が松戸宿周辺で大規模な鷹狩りを行う
	1868年	明治維新。市川や船橋で官軍方と幕府脱走兵の戦闘があり、火災が起こる

※各種資料により作成

徳川家ゆかりの地である松戸の戸定邸。旧水戸藩の別邸として建てられ、後に水戸徳川家の分家である松戸徳川家の本邸となった

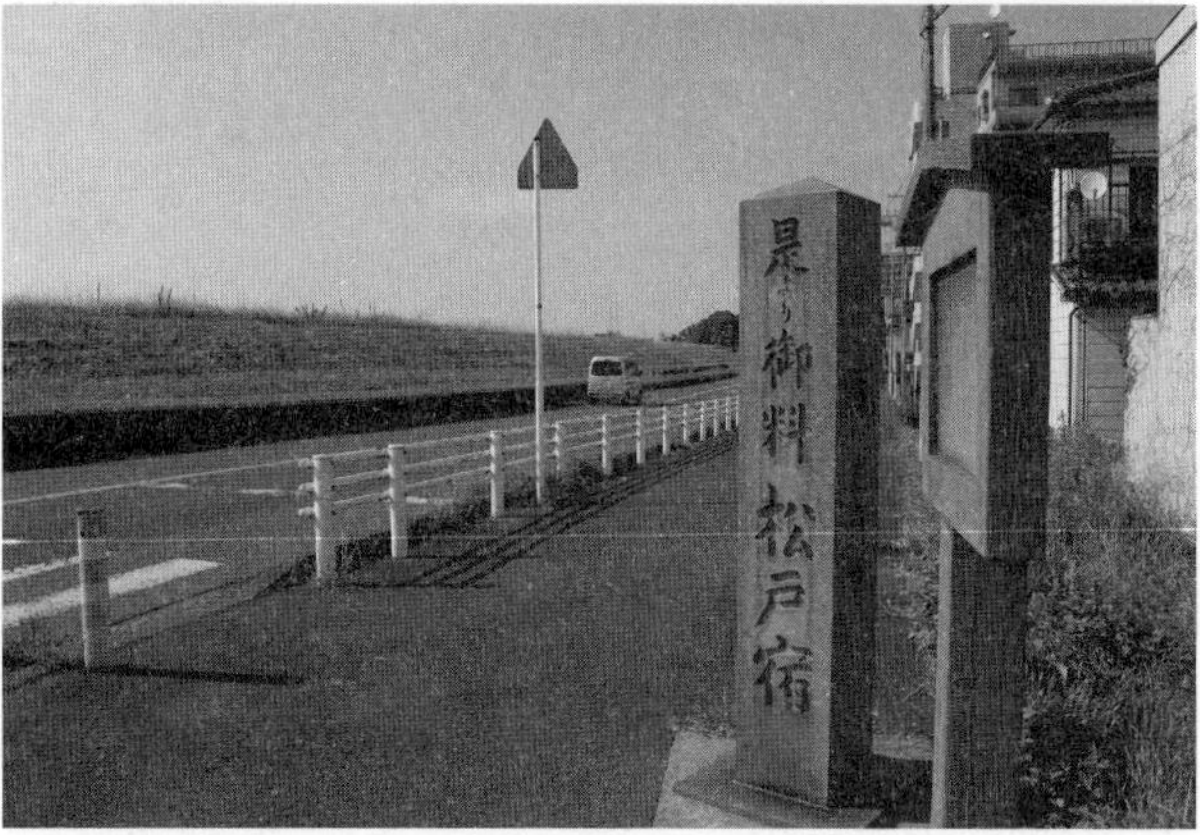

かつての松戸宿の出入り口に立てられた御料傍示杭跡。1995年には「是より御料松戸宿」と書かれた記念碑が立てられている

衛星都市の性格を強めた近現代の東葛と葛南

人材育成や物流の役割を担う

江戸から明治への移行期に入ると、東葛・葛南は廃藩置県を経て、千葉県に編入されることとなる。１８８９年には町村制が施行され、行政区分は徐々に現在の形に近づいていった。

明治維新の戦火に巻き込まれた船橋では、政府による旧幕府牧の開墾事業が計画され、東京府下の失業者や希望者が移住してきて畑作村を作った。また市川には、大日本帝国軍兵士の養成機関である陸軍教導団が置かれた。これは、市川が都心にも近く、各種軍事訓練に向いた立地と判断されたことによる。

江戸時代からの宿場町として栄えた松戸は、旧水戸街道が国道として補修・

整備されて荷馬車などの交通量が増えるなど、交通の要衝としてさらなる発展を遂げていった。東葛飾郡役所が置かれていたのも松戸で、この時期から松戸は東葛の中心的な役割を担うようになっていった。

ちなみに、松戸の矢切を舞台にした伊藤左千夫の純愛小説「野菊の墓」が発表されたのもこの時代で、夏目漱石も絶賛したこの悲恋物語は、のちに映画やドラマ化もされるほどの人気作となった。現在の矢切駅（北総線）近くの住宅街には、それを記念して立てられた「野菊の墓文学碑」があり、隣接する野菊苑公園からは矢切の田園風景を一望できる。

鉄道網の充実と忍び寄る戦争の影

明治～大正時代にかけて、東葛・葛南内では複数の鉄道網が整備された。私設の総武鉄道や、京成電鉄の前身である京成電気軌道、東武鉄道野田線の前身である北総鉄道、流山軽便鉄道などが続々と開通し、東葛・葛南は次第に東京の衛星都市としての性格を強めていった。そのなかでも市川真間や八幡などは、東京に住む富裕層の別荘地として人気を集め、永井荷風や幸田露伴といった名だたる文人たちもこの街で暮らした。また、市川には陸軍教導団が廃止されたあとも陸軍の野砲兵連隊・国府台陸軍病院などが置かれ、軍都としても栄えていった。

ほかにも軍事関連では、大正時代には現在の松戸駅の東側、松戸中央公園がある辺りに、陸軍工兵学校が開校する。工兵とは、戦闘工兵、建設工兵、船舶工兵といった役割に分かれていて、実際の戦闘を支援するのが仕事だ。松戸の工兵学校は1919年に開校し、終戦の年にあたる1945年8月まで存続するが、その間、多くの工兵を育て上げ、戦地へと送り込んだ。そのため、松戸は当時、「工兵の町」とも呼ばれていた。

軍需産業で栄えた戦時下の東葛・葛南

昭和に入って人口が増加すると、インフラ整備の充実などを目的に各町村で市制施行の機運が高まっていった。東葛・葛南でも、1934年11月には市川町を中心とした町村が合併して市川市が発足した。次いで船橋市や松戸市が誕生している。

やがて日中戦争が起こり、戦時色が濃くなっていくと、船橋などには軍需工場が進出した。そうした軍需産業の労働者に加え、東京からの疎開者もいたことから、東葛・葛南の人口は急激に増加していく。軍郷としての側面を持っていた柏にも、太平洋戦争（第二次世界大戦）終結まで「柏飛行場」が設置され、戦争末期にはここから発進した旧日本軍の戦闘機が米軍爆撃機の迎撃を行ったという。こうした軍都・軍郷としての性質からか、東葛・葛南のなかには空襲の標的とされた場所もあったようだが、東京などと比べれば被害は軽微なものだった。

終戦後、戦災をまぬがれた船橋市街は、農産・海産物の集積地として買い出しのメッカとなり、「日本の上海」の異名で呼ばれた。また、軍用地であった習志野原は開拓農地として解放されたが、そもそも農地に向かない環境であったことや、開拓地の一部が進駐軍に接収されたことなどが原因で、開拓には長い年月を費やすこととなった。

東葛・葛南の主な歴史（近現代）

時代	西暦	事柄
明治	1868年	下総県設置
	1869年	葛飾県設置
	1873年	千葉県設置
	1884年	旧水戸藩主別邸「戸定邸」が完成
	1890年	利根運河が完成
	1894年	総武鉄道開通
	1896年	常磐線開通
大正	1916年	京成電気軌道が船橋まで開通
	1923年	北総鉄道が船橋～柏間に開通
昭和	1937年	船橋市制施行
	1943年	松戸市制施行
	1944年	市川・船橋・松戸などが空襲の被害を受ける
	1954年	東葛市が誕生するも、同年に富勢村を編入し柏市となる
	1969年	東西線が西船橋まで開通
	1978年	武蔵野線開通
	1985年	常磐自動車道開通
	1986年	京葉線（西船橋～千葉みなと）開通
平成	2003年	船橋市が千葉県初の中核市へ移行
	2005年	柏市が沼南町と合併。つくばエクスプレス開通

※各種資料により作成

高度経済成長がもたらした急激な変化

太平洋戦争の傷跡も癒え、日本が高度経済成長期に入ると、東葛・葛南は東京のベッドタウンとして大きな発展を遂げていった。１９５５年、柏に日本住宅公団初の「ニュータウン」の名を冠した「光ヶ丘団地」が造成されると、東葛・葛南の各地にたくさんの団地が広がっていった。

高度経済成長期以前は漁村だった浦安では、海水の汚染を受けて漁業権の一部が放棄され、代わりに海面埋め立て事業が進められていく。これにより町域を広げた浦安は、大規模住宅などの開発により急速に都市化。１９８３年には東京ディズニーランドが開園し、人気スポットとして一躍有名になった。

時代が平成を迎えるころには、急激な人口増加も落ち着いていたが、つくばエクスプレスの開通や大型ショッピングモールの開業などにより、東葛・葛南は現在も人気のベッドタウンとしての地位を守り続けている。

伊藤左千夫の純愛小説『野菊の墓』を記念し、1965年に松戸市矢切に建てられた文学碑。住宅街にひっそりと佇んでいる

船橋をはじめ千葉の臨海部には、多数の工場や食品コンビナートが集積されている。近年は夜景スポットとしても人気だとか

東葛・葛南コラム１

松戸側には何もない〝矢切の渡し〟

若い人は知らないかもしれないが、昭和に流行った歌謡曲に『矢切の渡し』という曲がある。最初に歌ったのはちあきなおみで、後に梅沢富美男の舞台演目になり、ドラマの挿入歌としても使われた。それをきっかけに多くの歌手が歌うようになり、細川たかしはこの作品で日本レコード大賞も受賞している。そんなヒット曲だから、曲名だけは聞いたことがある人や、懐メロ番組で耳にしたことがある人も多いだろう。

また、日本映画の名作のひとつ、フーテンの寅さんが活躍する『男はつらいよ』のオープニングで、いつも寅さんが乗っていることから、矢切の渡しの存在を知っている人がいるかもしれない。

でも、矢切の渡しがどこにあるのか、とくに松戸側は意外と知られていないのではないだろうか？

矢切の渡しは、利根川水系のひとつ、江戸川にある。千葉県松戸市の矢切と東京都葛飾区の柴又を結ぶ渡し船（正確には農民渡船）だ。こうした渡し船は地元の農民が対岸に渡ったり、神社に参拝したり、買い出しに出たりするために江戸時代初期に設けられたもので、当時は利根川水系に15カ所あった。矢切の渡しの場合、川の両岸に農地を持つ農民は自由に航行する権利を持っていたという。

ところが明治初期、鉄道や主要幹線道路に橋が設けられるようになり、徐々に渡し船は姿を消していった。現在も東京近郊で残っているのは、矢切の渡しだけだ。

そんな希少価値のある乗り物なのだが、松戸市があまり積極的にアピールしていないようなので、観光地としての整備は進んでいない。

対岸の柴又には、帝釈天や寅さん記念館、山田洋次ミュージアムなどがある。しかし、矢切側には渡し船記念館的なものはない。あるのは矢切を舞台とした伊藤左千夫の純愛小説『野菊の墓』の文学碑と、この隣にあって展望スポットにもなっている「野菊苑公園」ぐらいだ。

川や治水にまつわる施設としては、1904年に坂川の治水のため、坂川が江戸川に合流する旧坂川流路につくられた「柳原水閘」が近くにある。レンガ造りの4連アーチの樋門は、当時には珍しい大規模なもの。明治時代のレンガ積み工法を伝える貴重な建造物で、松戸市の指定文化財にもなっている。現在は稼働はしていないものの、親水公園の一部として保存されているのだが、これもあまりPRされていない。

矢切地区は松戸の隠れた名産品、矢切ねぎの産地だったりする。どうせなら矢切ねぎを使ったB級グルメでも開発し、観光客にアピールすればいいのに、そうした動きは見受けられない。

ただ、矢切の渡しの近くにある、やきり観光案内所「野菊の蔵」では、矢切ねぎ（11月～3月ごろ）など地場野菜の販売や、矢切地区の観光情報の紹介もしているのがせめてもの救いである。

まあ松戸市側の矢切の渡しについては、むしろ、「何もない素朴さ」がウリといえるかもしれない。北総線の沿線は開発が進んでいる地区が多いが、矢切地区は未だに多くの農地が残っている。ある意味、開発から取り残されたようなエリアだ。渡し船も観光資源としてではなく、地元民の足として活用されているから、観光客が集中するわけでもなく静かで、昔から変わらないであろう風情を楽しめる。周囲に広がるのは田園風景だが、目を上げると現代を象徴するような東京スカイツリーが見えるというギャップも面白い。そんな矢切地区には、田園を切り開いて、観光農園開発（松戸市が計画）や、大規模な物流センターを建設する（民間企業が手がけるが、予定地とされているのが市街化調整区域なので、実現するかどうかは不透明）などの計画があるという。

でも結局、矢切の楽しみ方としては、今しか見られない（かもしれない）、田園風景の彼方にたたずむ東京スカイツリーを眺めながら、「日本の音風景100選」に選ばれている渡し船の櫓の音、鳥たちのさえずりなどに耳を傾けるくらいのユルさが良いのかも。

第2章
東葛・葛南ってどんなとこ

10年前は発展途上だった東葛葛南との差は埋まったのか

そもそも東葛・葛南ってなに？

東葛・葛南の大まかな歴史を紹介したところで、時代を今に移していこう。この章では、紆余曲折を経て発展してきた東葛・葛南という地域の現在について、あらためてくわしく解説していく。

さて、ここまで当たり前のように「東葛・葛南」というワードを使ってきたが、地元民にしてみればよく見かけるであろうこれらのワードも、それ以外の人々からすれば馴染みはないだろう。東京都民や埼玉県民、神奈川県民などに「東葛・葛南」という言葉を投げかけてみても、その答えが正しく返ってくることはほとんどないと思われる。そこでまずは、本書で解説していく「東葛」と「葛南」の定義をハッキリさせておこう。

東葛については、千葉県の松戸市、柏市、野田市、我孫子市、流山市、鎌ケ谷市の6市とする。対して葛南は、千葉県の船橋市、市川市、浦安市、習志野市、八千代市の5市とする。東葛民のなかには「鎌ケ谷は東葛じゃない」という認識の人もいると思うし、葛南民のなかには「習志野や八千代は混ぜないでくれ」という人もいるだろう。しかし、現在の行政管轄の変遷などから、本書ではこのエリア分けを採用させていただく。

「東葛」や「葛南」という字面を見ると、「葛飾区から見て東や南に隣接しているからそう呼ぶのだろう」と思いがちだが、これは間違い。歴史を紹介した1章でも少し触れたが、現在の東葛・葛南はかつて下総国葛飾郡に属していた。それが明治時代に分割され、東葛飾郡・西葛飾郡・南葛飾郡、北葛飾郡、中葛飾郡が誕生した。今でも東葛や葛南という呼び名が使われているのは、その時代の名残なのだ。つまり、正確には葛飾に隣接するのではなく、もともと葛飾の一部だった地域が分割・再編成されたと認識するのが正しい。今でこそ、「葛飾」といえば東京の葛飾区を思い浮かべるが、葛飾区の前身はかつての南葛飾郡であり、分割前の葛飾郡全体からすれば一地区にすぎなかった。そんな葛飾区が、あたかも最初から葛飾の中心地だったような立ち位置になってしまっている現状を、古くからの東葛・葛南民たちは面白く思っていないのかもしれない。

同じ東葛内でも明暗が分かれる

エリア分けについての説明が済んだところで、先に現在の東葛の全体像について述べていこう。東葛がこれまで、東京近郊のベッドタウンとして発展してきたのは、歴史の章で説明した通りだ。

全6市からなる東葛において、その中心的な存在といえるのは松戸市と柏市だろう。面積や人口で東葛のトップ2を誇る両市は、互いにライバルのような関係を築き、長らく競い合ってきた。歴史でいえば水戸街道の宿場町だった松戸に軍配が上がるが、高度経済成長期以降の発展スピードでは柏のほうが上回っている。人口も現状では松戸のほうが上だが、増加のペースを比較すると、柏が松戸の人口を上回るのも時間の問題といえそうだ。

松戸と柏でここまでの差がついた理由のひとつとして挙げられるのは、つくばエクスプレス（以下：TX）の停車駅の有無。都心へのアクセスとして非常に便利なこの路線だが、柏にはTX駅「柏の葉キャンパス」があるのに対し、松戸には停車駅が存在しない。柏の葉には巨大ショッピングモールの「ららぽーと柏の葉」があるほか、大学キャンパスや研究施設が集まる文教地区としての側面も持ち、先進的でスマートなイメージが強い。それに比べると松戸はこれといった特徴が少なく、「どこにでもある街」として近年は魅力が薄れつつある。もちろん、東京に近いという利点はあるけど、コロナの影響でリモートワーク推進の機運が高まる昨今、それだけで人を呼び込むのは難しいだろう。

柏と同様、TXの恩恵を受けているのが流山市。「おおたかの森S・C」という大型ショッピングモールを擁するほか、子育て支援の強化や豊かな自然環境をアピールすることによって、ファミリー層の呼び込みに成功している。人口増加数・増加率はともに4年連続で千葉県内1位と、その勢いは留まることを知らない。

残りの野田・我孫子・鎌ケ谷の3市はというと、東葛の中でもさらに地味というか、正直いってパッとしない。もちろん、野田の醤油や我孫子の手賀沼、鎌ケ谷の大仏（野球ファンにとっては鎌ケ谷スタジアムなんかも）など、それぞれ名物といえそうなものはあるにはあるけど、人気の街と呼ぶにはちょっと物足りない。松戸などと比べても特段アクセスが良いわけではないし、市としての規模も小さい。存在感という意味では、松戸・柏・流山の陰に隠れがちになっているのが現状だ。

普通に暮らすぶんなら、東葛はベッドタウンとして十分な機能を備えているし、最近は松戸にも新たなショッピングモールが建設されたりと、暮らしやすさは少しずつ向上している。ただ、葛南の東京ディズニーリゾートのような観光・娯楽スポットには乏しく、遊び歩きたい若者にとっては退屈な街なんじゃないだろうか。

東葛も東京都の境界線は江戸川だが、葛南より風景は牧歌的。ほどよく目然も残っていて、家族で暮らすにはもってこいの環境だ

広々とした松戸駅前のペデストリアンデッキ。最近になって改修工事が行われ、開口部が床になってさらに面積が増した

首都圏西部人にはピンとこない葛南って一体どんなとこ？

千葉県西部に存在する「葛南」は〝ど〟マイナー

東葛の大まかなイメージをつかんでもらったところで、今度は葛南エリアについて語っていこう。東葛という呼び名が「東葛飾郡」に由来していることは先に述べたが、葛南の場合はちょっと違う。というのも、葛飾郡が分割された際、葛南にあたる市川や浦安、船橋の一部は東葛飾郡に組み込まれていたからだ。現在の千葉県を地域分けしたとしても、千葉地域、東葛飾地域、印旛（いんば）地域、香取地域、海匝（かいそう）地域、山武（さんぶ）地域、長生地域、夷隅（いすみ）地域、安房（あわ）地域、君津地域とするのが一般的（千葉県民は全部読めると思うけど、筆者はほとんど読み間違っていたため読み方を記載）で、「葛南」は見あたらなかったりする。

では、「葛南」はどの地域なのか。インターネットで「葛南」を検索すると、葛南県民センター、葛南港湾事務所、葛南病院、葛南土木事務所、葛南地域整備センターといったキーワードが表示され、たくさんのページが検索できる。しかし、「葛南」そのものの定義を細かく解説しているモノは見あたらない。それにしては、行政が発表する資料などには「葛南」という表記がたびたび出現し、千葉県のホームページなどには「葛南」の文字をたくさん見つけることができる。県の支庁となる地域振興事務所や県の教育庁の教育事務所、土木事務所など、多くの機関などでは、船橋市、市川市、浦安市に習志野市と八千代市を加えた5市を「葛南」として管轄している。

じゃあなぜ、東葛と区別して葛南と呼ばれているかというと、これには江戸時代以前の慣習がかかわっているのではないかと考えられる。葛飾郡を分割する考え方はこのころからあり、江戸川を境界として、東側を「葛東郡」、西側を「葛西郡」と呼んでいた。臨海公園などで有名な「葛西」という地名は、このころの名残である。それと同じ流れで、市川や船橋あたりの一帯を「葛南」と呼ぶようになったのではないかと推測される。だったら「東葛」も「葛東」に統一して呼ぶべきなんじゃないかと言いたくなるが、すでにそうした呼び方が地元に浸透しているので、外野が文句をいっても仕方がない。「葛」の字が先に来るのか後に来るのか紛らわしいが、本書では引き続き「東葛・葛南」という呼び方で進めさせてもらう。

どうしてこんなに長々と説明してきたかというと、こうしたエリア分けは定義が意外と曖昧だから。実は、本編集部では以前「これでいいのか千葉県東葛エリア」を制作させていただいている。そのときにも「鎌ケ谷市はどっち？」みたいな話があったり、今回も「習志野と八千代を含めたら京葉じゃないの？」といった話があり、曖昧なままでは語弊が生じる恐れがあったためだ。

葛南に属する市も5分の3がビミョー

まあ、正しく理解してもらっても、葛南のイメージはなかなかわいてこないというのが本当のところだが、属する5つの市についてなら、色々と地域性が思い浮かんでくるはずだ。

まずは、船橋市。千葉県内では間違いなく実力、規模ともにナンバーワンの商業都市。ただ、中山競馬場だけでなく、かつて3つも公営ギャンブル場が存在したことが災いしているのか、治安が悪い都市のイメージもある。

次に浦安市といえば、東京ディズニーリゾートと埋立地に出来た近代的な街並みやセレブなイメージも強いが、東日本大震災により発生した液状化が大きな話題となった。怖い怖いといわれながらも、被害の大きさがイメージしづらかった液状化の怖さを全国に知らしめた市といえるだろう。

さて、他の3つの市はというと、あれ？　地域性で全国区で知られていること（周辺エリアでもいいんだけど）がスラスラと出てこない。市川市って？　八千代市って？　習志野市は習志野ナンバーがあるから、首都圏では知られている地名だが、何があるかは残念ながらあまり知られていないのが現状。市川は「千葉の鎌倉」と呼ばれることもあるとか、八千代は「住宅団地発祥の地」とかいうけど、これまたあまり知られていないんだよね（そんなことないと怒る人もいるだろうけど）。

つくばエクスプレスの開通でハッキリと明暗がわかれた東葛ほどではないにせよ、葛南においても市によって格差があるのは変わらない。というか、この手の問題はほとんどの都市で共通しているので、いまさらと思う人も多いんじゃないだろうか。

千葉より東京が好きな千葉都民が暮らしている

そんな葛南で暮らしている多くの人は（これは東葛にも当てはまることだけど）、東京都に通勤や通学するだけでなく、ショッピングやレジャーなど生活のすべてを東京に依存。その上、地元への愛情も薄く、東京ＬＯＶＥに溢れている「千葉都民」だといわれている。東京のベッドタウンとして発達してきただけに仕方のないことかもしれないが、実は、高度経済成長期から流入してきた生粋の千葉都民たちの第二世代、第三世代は葛南で生まれ、葛南で育ち、すっかり地元民（千葉県民）化しているエリアもあるらしい（この話はそれぞれの解説で明らかに）。

しかし、浦安市のベイエリアに林立する高層マンション群だけでなく、あちこちに新しく建設されるタワーマンションには、東京へのアクセスや便利さを求めてやってくる人が多数入居。千葉県民からすれば、若干目障りかもしれないが、そもそも、千葉の中心部よりも、東京に近いのが葛南最大の特徴。江戸川を渡れば東京都という地の利なしに注目されることがないエリアだということは、しっかりと自覚しておきましょう。

ただ、葛南に魅力的なモノが何もないのか？　というとそんなことはない。東京に近いがゆえの負の遺産以上に、注目すべきポイントがたくさんある。この話もそれぞれの解説で明らかにしていくが、ここでも自覚が必要なのは、葛南の情報の少なさ。魅力的なものはいろいろあっても、全国区で有名なのは東京ディズニーリゾートくらいしかない。

今後大化けする可能性もある東葛・葛南

それでも、仮に葛南のすべての市が合併したとすると、人口や財政規模はさいたま市や川崎市などの政令指定都市を相手にしても戦えるくらいの規模がある。これは東葛の場合も同様で、東葛の全エリアを合わせると、人口は約150万人、面積は約380平方キロメートルと、その規模は県庁所在地にして政令指定都市である千葉市を優に超える。きっかけさえあればさらに飛躍できるだけのポテンシャルを秘めているのが、東葛および葛南というエリアなのだ。

本物の田舎に比べれば、東京へのアクセスなどには遥かに恵まれているし、あちこちに大型ショッピングモールがあって買い物には困らない（そのぶん渋滞は多いけど）。だけど、これといったアピールポイントになるような魅力があるのかと聞かれても、ちょっと答えづらい。大雑把なまとめ方にはなるが、東葛・葛南は大体そんなエリアだ。

東葛と同じく東京から江戸川を越えると葛南の市川に。市川は東京といっても遜色ない!?

東葛にはない葛南の特徴のひとつがベイエリア。海があるだけでちょっとオシャレな印象を受ける

つくばエクスプレスが変えた東葛の勢力図

JR常磐線は東葛エリアの大動脈

柏や松戸が位置する東葛エリアの主要路線といえば、なんといってもJR常磐線である。つくばエクスプレス（以下：TX）が開通するまで、首都圏と千葉北部（東葛）エリアから茨城方面を繋ぐ唯一の路線であり、1960年代から70年代にかけて、東葛一帯に東京へ通勤・通学する「千葉都民」を急増させた要因でもある。1964年には猛烈なラッシュが問題化し、「5方面作戦」と呼ばれる混雑緩和政策の対象にもなった。

なかでも松戸駅は、茨城方面から上って東葛最後の駅であり、茨城県南部（土浦、牛久、取手など）から我孫子、柏で通勤客を乗せたギュウギュウ詰めの車内に松戸民は毎朝乗り込まなければならない。たまに涼しい顔をして座っている我孫子民や柏民を見ると、腹が立つ（うらやましい）ったらないらしい。

常磐線以外のJR線は、武蔵野線が新松戸からさいたま・船橋方面を結んでいる。また、武蔵野線の東松戸駅からは京成成田空港線に乗り入れて成田空港へと行ける北総鉄道がある。他には、埼玉方面から野田、柏、船橋と向かう東武野田線（東武アーバンパークライン）が伸びている。松戸からは、かつての陸軍鉄道連隊の演習用路線という珍しい出自を持つ新京成電鉄で津田沼へ向かうことも可能だ。さらに、常磐線には東京メトロ千代田線に乗り入れる各駅停車、通称「緩行線」が走っており、大手町や霞ケ関へも直接向かうことができる。

しかし、一見便利そうな路線網も細かく見てみると、どの路線もいまひとつ不便なのだ。常磐線の千代田線直通は、綾瀬から千代田線に乗り入れてしまうため、日暮里や上野に行くことができず、停車駅が多いので都心部に出るには時間がやたらかかる。快速線に乗って日暮里や上野で乗り換えるほうが楽だったりするのだ。新京成電鉄は都心部に向かうには乗り換えが非常に面倒だし、北総線の運賃がべらぼうに高い。武蔵野線は雨や風ですぐ止まるし、東武野田線も松戸を経由しないため（六実駅が通るけどね）、ほぼ柏市民にしか恩恵はない。

TXの開業で柏に開発の波が！

かつて、東葛の住民は上野方面に向かうには必ず松戸を経由しなければならなかった。そんな交通の要衝として松戸は大きく発展した。かつては松戸なくして東葛の発展もなかったわけだから、松戸のプライドが高いのもうなづける。しかし、そんな東葛のパワーバランスを破壊したのがTXである。つくば（筑波研究学園都市）から秋葉原までの鉄道不毛地帯を走るため、常磐線利用者が分散され、毎朝のラッシュもかなり改善した。常磐線に頼りきりだった東葛や茨城県の通勤客に大変革をもたらし、ローカル線の流山鉄道の利用価値はおそろしく低下した。

流山鉄道は流山中心部と松戸の馬橋駅のわずか5・7キロを結ぶ私鉄で、かつては貨物列車として利用され、1970年代以降は、沿線の宅地化が進んだことで千葉都民の通勤路線として機能していた。だが、現在は路線民の高齢化とTXの開業が重なり、利用者が大幅に減少してしまった。

さらに、TXの開通は交通だけではなく、都市の発展にも大きな変化をもたらした。TX開通後、車がなければ何もできないほどの鉄道空白地帯だった若柴や柏の葉、十余二などで開発ラッシュが起きた。とくに柏の葉キャンパス駅周辺の変化は著しい。かつての柏の葉といえば、柏市民は柏の葉公園でレイソルの試合を観る程度しか訪れる理由がなく、それすらもアクセスの悪さにレイソルサポーターから不満が出たほど、存在感の薄いエリアだった。だが、現在ではタワーマンションが林立し、美しい街に生まれ変わった。現代の新鉄道開設における都市開発の最大の成功例のひとつだろう。

絶好の沿線開発機会を逃してしまった松戸

一方の松戸は、常磐線、武蔵野線、新京成電鉄、東武鉄道、流山鉄道、北総鉄道の6路線が走り、市内には23もの駅がある。柏市の11駅より多いのに、T

Xの開通によって商業拠点を拡大させた柏市と比較すると、沿線はまだまだ昭和の匂いがする古く地味な街が多く残っている。

そのため、今まで何もなかったTX沿線がどんどん未来都市化していく様子に、一部の松戸市民は忸怩たる思いを持ち続けているようだ。もし松戸にTXが走り、新たな街ができていれば、松戸のイメージは多少なりともよくなっただろうに……。しかし、松戸市は大きな発展の機会を一度逃している。北総鉄道の開業後、武蔵野線・北総鉄道の駅である東松戸駅周辺の開発に着手した。それはいいが不況のあおりを受け、停滞してしまった。2012年に換地処分を完了したが、まだそこかしこが更地で中途半端感は否めない。もし、この開発が完全なかたちで順調に進められていれば、TX沿線以上に注目された街になっていたかもしれなかった。逃がした魚はあまりにも大きい。

東京メトロの延伸で東京都心と繋がるか?

昔から交通の要衝を自負してきた松戸が今、実現を心待ちにしている計画が

「地下鉄8号・11号線の延伸」である。正確には「東京直結鉄道」とも呼称される地下鉄8号（東京メトロ有楽町線）延伸計画と、地下鉄11号（東京メトロ半蔵門線）延伸計画という別々の延伸計画だが、ふたつの計画には重複する区間や相互的な影響が多く、セットで語られることがほとんどである。

この計画をくわしくみていこう。有楽町線延伸構想では、有楽町線の豊洲駅から東西線東陽町駅を経て、半蔵門線の住吉駅まで延伸させる。半蔵門線に乗り入れたあとは押上駅から京成電鉄押上線四ツ木駅の北方、常磐線の亀有駅付近を経て、野田に至る。一方の半蔵門線延伸構想では四ツ木新駅（仮）から分岐し、松戸に至る計画となっている。

ふたつの計画が実現することで、東京臨海部と東京スカイツリー、千葉県北西部などを結ぶ南北交通軸が形成され、松戸をはじめとする東葛エリアから東京都心部へのアクセスは、格段に向上するとされる。現在松戸から豊洲までは常磐線から千代田線直通で日比谷駅に向かい、有楽町線に乗り換えるルートとなっており、50分もかかる。しかし、この路線が整備されることで乗り換えがなくなり、所要時間は36分に短縮される。常磐線や東西線の混雑緩和にも効果があるため、松戸市民は骨折級の満員電車に乗らずによくなるかもしれない。今すぐ実現してほしいと考える松戸市民も少なくないだろうが、事は遅々として進んでいない。松戸まで延伸する計画の審議が始まったのは1985年から。1986年にこの計画を推進するため、沿線地域である江東区、墨田区、葛飾区、松戸市の3区1市が「地下鉄8・11号線促進連絡協議会」を設置したにもかかわらず、30年以上経っても未だに実現の方向に向かっていない。2016年の国の交通政策審議会答申「東京圏における今後の都市鉄道のあり方について」では、2030年ごろの整備を目標とした路線に位置づけられている。とはいうものの、豊洲~住吉間は計画を〝進めるべき〟としているのに対し、押上~野田間や四ツ木~松戸間は〝十分な検討が行われることを期待〟と採算性などの見極めを求めるものとなっており、優先順位はかなり下だ。

また、「地下鉄8・11号線促進連絡協議会」でも、豊洲~住吉間を第1段階として事業化し、押上~野田間や四ツ木~松戸間の延伸は第2段階として整備を視野に入れる程度にとどまっている。そもそも豊洲~住吉間でさえ、建設費の負担割合など課題は多く残っている中で、複数県にわたって延伸される路線

半蔵門線延伸計画MAP

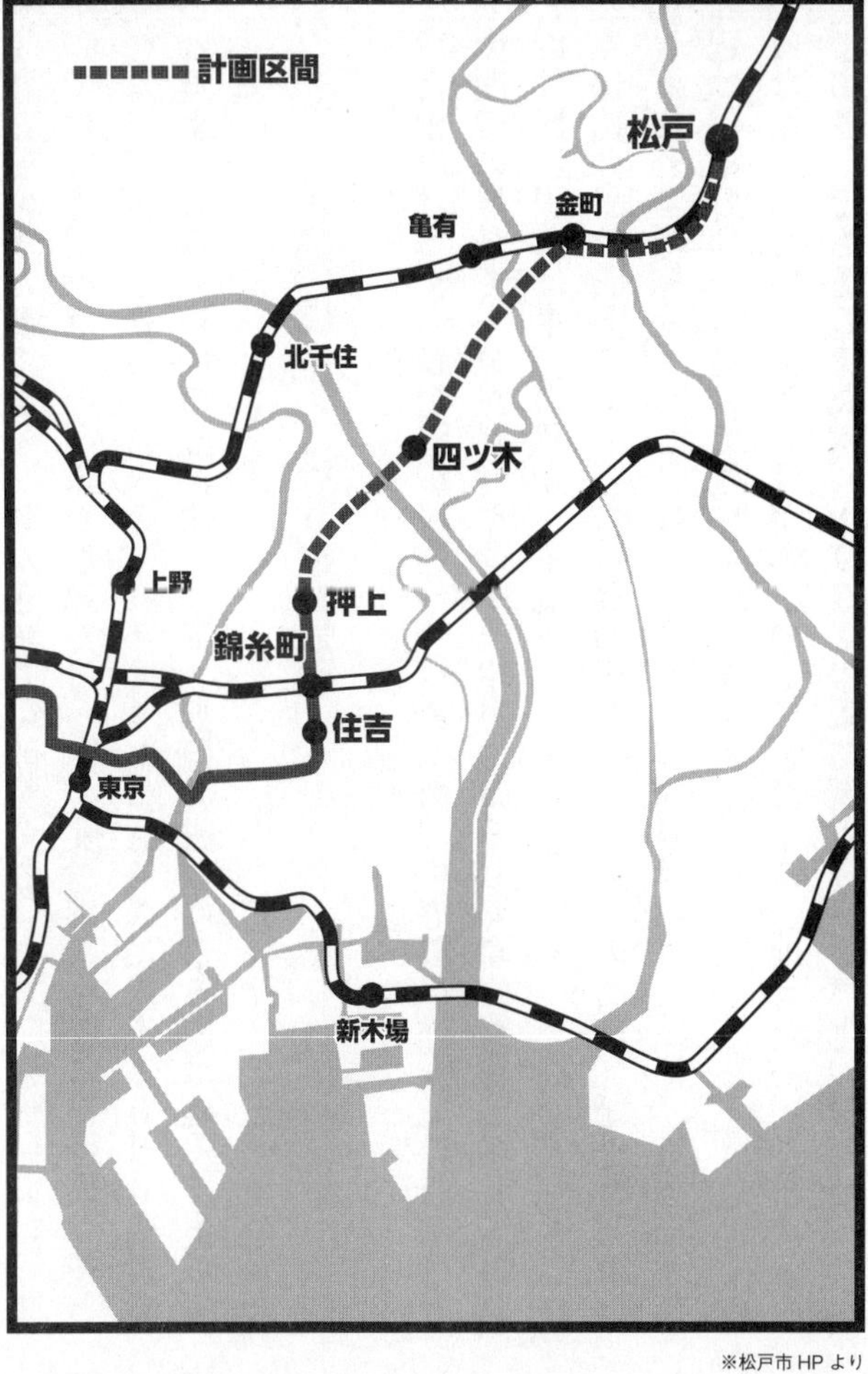

※松戸市HPより

の実現など夢のまた夢である。しかも実際に開業となったら、延伸区間は東京メトロではなく三セクでの運営が濃厚だという。北総線のようにバカ高い運賃設定になる可能性もあり、たとえばベイエリアに行くのに片道1000円近くとられるようなら、松戸の庶民にとって、無用の長物になるのは確実である。

チバラキ文化圏はやっぱり車社会

松戸と柏には多くの鉄道路線が通っているため、中心部に住んでいれば公共交通機関での移動で十分だが、ヤンキー生息地よろしく車文化も浸透しており、こと旧住民に限れば車での移動が主流だ。

とくに柏はTX開通まで「陸の孤島」が多かった。そのため、国道6号と国道16号が交わる呼塚交差点などは、朝夕や土日祝日は常に大渋滞。大型商業施設周辺は、車の列が裏道まで続いている始末だ。

そんな柏と車といって思い浮かぶものといえば、ご当地ナンバー「柏ナンバー」である。そもそも東葛は、1997年まで習志野ナンバーの管轄地域だっ

た。しかし、管轄地域の広さから支局の設立が検討され、柏と野田の招致合戦の末、水運や醤油の街としての歴史がある野田が選ばれた。都市規模が小さい野田に敗れた柏だったが、200４年に再び機会が巡ってきた。知名度の高い地域ならナンバーを変えることができる、ご当地ナンバー制度が開始されたのだ。２００6年、柏は見事「柏ナンバー」を勝ち取った。２０１５年の調べになるが、柏ナンバーの登録台数は10万６８０台となっている。柏市の普通免許保有者数（２０１８年）は約26万５０００人だから、思ったほど浸透している感じはしない。ナンバー

変更の手続きをしてまで、柏の名前にこだわりはないということだろうか。

一方の松戸も、各地で慢性的な渋滞に悩まされている。そんな道路事情の悪さもあって、かつての松戸市内の市道の事故率は、千葉県内の市道事故率（平均）の約3倍もあった。しかし、2018年6月に外環の開通と国道298号の整備が同時に行われ、交通状況に変化が起きた。国道298号の国道357号・国道14号・国道6号と交差する区間が開通。片道1車線の県道1号から片道2車線の国道298号へと利用者が分散し、県道1号の交通量は整備前の約3分の1に減少したほか、松戸IC付近から国道14号の市川広小路交差点までの所要時間も約20分短縮された。

茨城県民はひとり1台車を持っていることで有名だが、松戸や柏もあまり変わらない。息子や娘が成長すれば、2台持ち、3台持ちの家もざらとなる。こうした車社会からの切り替えができないから、松戸と柏は東京に近いにもかかわらず、いつまでたってもローカル臭が抜けないのだ。だって、東葛でほぼ唯一といってもいいモダンな柏の葉って、そこまでひどい車社会じゃないでしょ？

2005年に開業した、つくばエクスプレス。その後、柏の葉や流山など、沿線の開発に多大な影響を及ぼした

東葛の大動脈である国道6号線（通称：ロッコク）。とにかく交通量が多く、付近は排気ガスが充満している

過密と空白が入り混じる葛南の極端な鉄道事情

充実しているように思える鉄道網だが……

東京至近のベッドタウンとして住宅地区および商業地区を含む市街地を形成している葛南。5つの市には千葉県の人口の25パーセントにあたる約160万人もの人々が暮らしており、東京への通勤・通学はもとよりエリア間の人の移動も激しい。ここでは、そんな葛南のインフラ事情について見ていこう。

まず葛南の鉄道網だが、鉄道会社だけでも東日本旅客鉄道株式会社（JR東日本）、京成電鉄株式会社、新京成電鉄株式会社、東武鉄道株式会社、東京地下鉄株式会社（東京メトロ）、東京都交通局（都営地下鉄）、東葉高速鉄道株式会社、北総鉄道株式会社、株式会社舞浜リゾートラインなど、葛南エリアには全部で10を超える数の路線が伸びている。そのなかでも中核となるのがＪＲ東日本で、総武快速線と総武緩行線、京葉線、武蔵野線があり、総武線（快速・緩行）と京葉線は東京方面への通勤や通学には欠かせない交通手段となっている。

葛南でもっとも駅が集まっているのは船橋市で、９つの路線と37の駅があり、船橋駅は千葉県内のＪＲ停車駅のなかでは乗車人数第2位。また、各エリアの中心となる駅には総武快速線が停車するため、東京駅までの所要時間は津田沼〜東京間でも約30分とそれほど時間はかからない。最寄り駅が総武緩行線しか止まらない駅は乗り換えが必要となるが、通勤や帰宅の時間帯は発着本数が多いため、それほど不便には感じないだろう。総武線が通っていない浦安市は京葉線を利用することになるが、新浦安駅から東京まで約16分、舞浜から東京駅までは約13分と不便さは全くなし。とはいえ、総武快速線もしくは京葉線を一度でも乗ったことがある人は知っていると思うが、東京駅の発着ホームは地の底という表現がピッタリなくらい深い位置にあり、他の路線へと乗り換えるためには約１キロもの距離を移動するしかない。時間帯にもよるが、最低でも15

分程度は余計に見積もっていた方が良いだろう。ちなみに鉄道空白地帯として名高い八千代市は、これだけ路線が充実している葛南にありながらＪＲ線はなし。高額運賃で悪名高い東葉高速鉄道に乗って西船橋駅でＪＲに乗り換えか、京成本線の京成船橋駅でＪＲに乗り換えるしか方法はない。あれ、実は葛南の鉄道って令和になってもまだ不便？

いまだに総武線快速が停車しない西船橋駅

複数の鉄道会社と路線がある葛南。いずれの路線も主要となる駅では乗降者数の上位を占めているのだが、そのなかでも人が集まる駅でありながら、利便性に難のある駅と言えば西船橋駅であろう。西船橋駅はＪＲ東日本の総武本線、武蔵野線、京葉線（高谷支線、二俣支線）、東京メトロの東西線、東葉高速鉄道の東葉高速線と3社5路線が乗り入れており、ＪＲの２０１９年度の乗車人数は13万８６１８人と千葉県内では船橋駅を抑えてもっとも多い駅である。しかし、乗換駅として非常に重要な駅であるにもかかわらず、総武緩行線しか停

葛南の主要インフラMAP

車せず、総武快速線は通過駅となっている。それゆえにどうしても総武快速線を利用したい人は市川駅で乗り換え、もしくは進行方向から逆に戻って船橋駅で乗り換えるしかないのだが、このような不便な事態を巻き起こしてるのには様々な事情があるようだ。東西線への顧客流失を阻止するためという噂もあるが、東西線が総武線の混雑緩和に役立っている以上、そ

のような可能性はむしろ薄く、乗客の分散化を目的としていると考えられる。仮に西船橋駅に快速電車が停車したとすると、多くの利用者が緩行線から快速線に乗り換え、今まで以上の混雑が予想される。無論、都心部へ向かう利用者は東西線へと乗り換えることになり、そこでも混雑が発生することになる。一部の利用者にとっては利便性向上の可能性はあるのだが、それによって発生する弊害も大きいということだろう。ただでさえ千葉で一番混雑しているのに、これ以上利用者が増えたらヤバそうだしね。

渋滞は千葉都民共通の悩み

続いては道路状況についてだが、千葉県自体が道路1キロメートルあたりの渋滞損失時間は全国で7位と、主要都市の市街地に通じる道路はどこもかしこも混雑しており、葛南でも至る所で渋滞を引き起こしている。

さて、葛南の代表的な道路といえば、東京都中央区から千葉県千葉市までの国道14号、通称では湾岸道路と呼ばれている千葉県千葉市から神奈川県横須賀市までの国道357号、千葉県の匝瑳市から船橋市を結び成田街道とも呼ばれている国道296号、神奈川県横浜市西区を起・終点とし首都圏を環状に結ぶ国道16号とあるが、朝夕のラッシュ時や休日には渋滞が発生しやすい。国道14号は江戸川区北小岩から市川橋を渡って市川市へと入るが、市川市〜船橋市〜習志野市区間は片側1車線となっているため、上下線共に渋滞を引き起こしやすくなっている。旧街道を道路化する際にもっと幅を広く取っておけばよかったのだが、それでも今の人口増加に対応できたかどうかは怪しい。葛南はそれほどの人口集中地区なのだ。

東京湾岸道路の一部を成す国道357号は、自動車専用道路と一般道で構成されており、住宅地から離れた場所は車線数が多く、信号もそれほど多くないため流れは意外とスムーズ。しかし、船橋市西浦から若松間の道路と交差点は慢性的な渋滞に悩まされており、国土交通省千葉国道事務所によると、渋滞による損失時間は全国平均の約25倍に達していたようだ。複雑な形状でドライバー泣かせだった若松交差点は先行して整備され、2010年3月18日に開通。浦安市内では某巨大アミューズメントパークに向かう車で休日は渋滞が生じる場合もあるが、平日はそれほどでもないようである。国道296号は八千代市民にとっては日常の生活に欠かせない道路なのだが、県道8号の船橋我孫子線重複区間以外は片側1車線となっているため、八千代市内では国道16号と接続する下市場の交差点や工業団地入り口、新木戸交差点で渋滞が発生しやすい。交通量の割には道路と歩道が共に狭いため交通事故のリスクが高く、子供連れで歩きにくい点はベッドタウンとしてマイナス要素だろう。

基本的に千葉県の主要都市は、東西南北の移動に渋滞は付きものと考えた方が良い（季節に関係なく必ず渋滞する）。東葛・葛南エリア共に東京近郊のベッドタウンとして開発が早く、松戸市や船橋市は宿場町として栄えていたなど、昔から人が集まっていたという歴史がある。開発当時はマイカーなど夢のまた夢だったかもしれないが、現代では日常の足として車は必須。行政としても道路や歩道の拡幅などを行いたいのはやまやまだろうが、物理的なスペースが足りないというのが現状だ。

中央・総武線をはじめとした多数の鉄道が通る葛南。数は多いが、弱点を抱えている路線もある

葛南は狭い道が多く、車での移動はちょっと不便。休日のショッピングモール周辺ともなれば、大渋滞は免れない

東葛は意外と治安が良い！むしろ葛南のほうが危険!?

松戸の持つレッテルが東葛のイメージではない

生活面や物価面では住みやすそうである東葛。葛南のちょっとお高い物件を見栄張って借りて無駄な出費をするよりも、賢く家計をやりくりしたいって人には東葛はピッタリかもしれない。が、生活面ということであれば、もうひとつ重要視しなければならないことがある。それが治安だ。

凶悪犯罪が増え、ニュースを見れば毎日のように、殺人事件が起きているし、猟奇的な事件も昔より確実に増えている。長引く不況の影響なのかどうかは別にして、人様のモノを当たり前のように盗んだり、強奪する輩が増えているのは本当に悲しいこと。芸能界での蔓延がバレつつある薬物も問題だし、これから景気の復調が見られずに失業率が上がったりなんかしたら、確実に犯罪は増えるはずである。

それに、東葛には治安が悪いというレッテルが貼られてしまっている地域がある。それが松戸だ。松戸といえば、昔から暴走族とヤクザが有名で、「千葉県のヨハネスブルグ」なんて呼ばれることもあった。JR常磐線沿いは足立区の綾瀬と松戸はどっちがヤバイ？　と囁かれたほどだ。２００９年10月に起きてしまった、女子大生殺害放火事件もあって、全国的には危険地帯と認識されていることが多いはずだ。

というわけで、とにかく87頁の表を見てもらいたい。これは東葛と葛南の市別の刑法犯認知件数と犯罪率をまとめたものだ。

犯罪率は明らかに葛南のほうが高い

表内で注目したいのが、一番右側の数値。これは人口１００人あたりの犯罪の発生率を示す数値で、数字が大きいほど治安が悪いといえるのだが、東葛・

葛南でもっとも犯罪率が高かったのは意外にも浦安市だった。次いで高かったのは習志野市、その次が船橋市と、ワースト1～3位を葛南が独占している。しかも4位には野田市と同率で八千代市が入り、6位に東葛から松戸市が入るが、7位に市川市がランクインしたことで、葛南はすでに全市が出揃ってしまった。

ここまで名前が挙がらなかった鎌ケ谷市は8位。9位が柏市、10位は我孫子市で、最後に11位で治安の良さを知らしめたのは流山市である。ここまでハッキリした結果になるとは思わなかったが、東葛と葛南を比べると、東葛は治安が良く、葛南は治安が悪いと言うことができるだろう。犯罪都市のような扱いを受けてきた松戸だが、治安はさほど悪くないのだ。ちなみに、千葉県全体の100人あたりの犯罪率（表の最下部を参照）は0・66なので、この数値と比較しても東葛の治安はまずまず良好といえそうだ。

それに対して、治安が悪いという結果が出てしまった葛南。ただ、ああ、やっぱり……と思った東葛民がいたとしても、あの市川や船橋を差し置いて、まさか浦安や習志野の犯罪発生率がこれほど悪いとは思ってなかったはずだ。

東葛・葛南の刑法犯認知件数と犯罪率

エリア	市	総数	100人あたりの犯罪率
東葛	松戸市	3,411	0.69
	柏市	2,712	0.63
	野田市	1,074	0.7
	我孫子市	744	0.57
	鎌ケ谷市	716	0.65
	流山市	1,039	0.53
葛南	船橋市	4,628	0.72
	市川市	3,378	0.68
	浦安市	1,299	0.76
	習志野市	1,304	0.75
	八千代市	1,381	0.7
千葉県	―	41,793	0.66

※千葉県警『犯罪の発生状況（刑法犯認知件数）《令和元年中》確定値』
※千葉県『平成31年・令和元年千葉県毎月常住人口調査報告書(年報)』より算出

これぞまさに、松戸市に貼られたレッテルと同じ。そのカラクリは犯罪認知件数の総数と凶悪犯の認知件数にある。とにかく船橋市と市川市は犯罪の総数が多い。しかも、船橋市にいたっては殺人、強盗、放火、強姦といった凶悪犯がダントツに多い。これでは、いくら犯罪発生率が低くても、犯罪そのものの数や凶悪性は目立ってしまうといえるだろう。まあ、松戸と市川には暴走族の抗争などで少なからず因縁があるみたいだから、「これだから市川は！」と言いたくなるのも仕方がないんだろうけどね。

犯罪が多いのにはそれなりの要因あり！

ただ、葛南を擁護するわけじゃないけど、治安が悪くなる要素というものを船橋市や市川市は持たされているってのも事実。まずひとつめは規模の大きい繁華街や風俗街があること。市川駅の南口側は再開発でキレイになったけれども、まだまだ怪しい臭いが漂う場所はいくらでもあるし、船橋&西船橋は風俗店も多い。これは柏や松戸も同じこと。歓楽街と犯罪はワンセットみたいなものである。

要素のふたつめは、公営ギャンブル場。ギャンブル好きが悪人ってわけじゃないけれども、中にはどうしても昼間っから酒臭い、すえた臭いをさせながらウロウロする人もいるし、勝ったとき（↑あまりない）は仏顔でも、負けたとき（↑これがほとんど）は刺々しい空気を身に纏って周囲に威圧感を与える人もいる。暴れるなんて人は絶対的少数派なんだろうが、ギャンブル好きのお父さんたちのファッションスタイルってほとんど同じだから、みんな悪く見えてしまうのだ（どちらにせよ、街のガラが悪くなるのは否めないってことだが）。全国的に見ても珍しいことだが、そんなギャンブル場が船橋市には3つもあった（松戸市には松戸競輪がある）というのは、治安の足を引っ張っているとしか思えない。こうした治安が悪くなる大きな要素がある上に、いわゆる溜まり場となりやすい人目が少ない港湾エリアがあったりするのも葛南の厳しい現実といえるだろう。

ちなみに、埼玉県最大の商業都市ともいえるさいたま市大宮区は、100人あたりの犯罪率が1・66（「市区町村別認知件数・犯罪率（令和元年中）・確

暮らしやすいベッドタウンとして人気の東葛・葛南。住むなら比較的治安の良い柏や流山がおススメ

定値」より算出)。コレに比べればまだマシだろうが、治安はよい方がいいに決まってるのだから、葛南は早急な対策が必要だろう。

数字上で治安の良さを確認できたことで、暮らしやすさがさらにアップした東葛。変にステイタスを求めないのであれば、一般的な認識とは真逆で、葛南よりもベッドタウンとしての魅力は高いのかもしれないぞ!

お隣の船橋市の影響なのか、犯罪率は高めの習志野市。津田沼あたりもアフナイ雰囲気だ

船橋や松戸ではガラの悪い連中を見かけることもしばしば。なるべく近づかないようにしよう

東葛と葛南で住みごこちが良いのは？人気ベッドタウンの真実

家賃の安さこそ東葛の武器？

ベッドタウンとして人気の東葛・葛南だが、実際にこれらのエリアに住もうとしたとき、いったいどこを選ぶのがベストなのだろうか。まず、ベッドタウンとしての魅力を探るのに手っ取り早そうな家賃相場について見ていくと、東葛と葛南で比較したとき、全体的に家賃相場が高いのは葛南のほうだ。

とくに東京ディズニーリゾートのある浦安の高騰っぷりはダントツで、このあたりは土地の値段からして高いうえに、東葛ではあまりお目にかかれない高層タワーマンションや戸建ての高級住宅街が広がっている。誰もが憧れるオシャレなベイタウンではあるが、ここに住めるのはお金によほど余裕のある限ら

東葛・葛南エリアの家賃・水道料金の相場

エリア	市	家賃（1LDK/2K/2DK）	水道料金（1カ月あたり）
東葛	松戸市	6.71万円	2,710円
	柏市	7.36万円	2,225円
	野田市	5.36万円	2,732円
	我孫子市	5.88万円	2,646円
	鎌ケ谷市	6.79万円	2,640円
	流山市	7.92万円	2,624円
葛南	船橋市	7.90万円	2,640円
	市川市	8.43万円	2,640円
	浦安市	9.34万円	2,640円
	習志野市	8.03万円	2,062円
	八千代市	6.61万円	1,771円

※各不動産会社HPおよび千葉県総合企画部水政課資料（平成28年）より独自算出

れた人たちだけ。一般人向けの住宅地という感じはしない。

次に家賃が高いのは市川市。東京へのアクセスという面だけで考えれば、松戸とそう変わらないように思えるが、両者の家賃差は1万7000円以上も開いている。理由として挙げられるのは、市川のほうが近くに浦安や船橋など、遊びに行きたくなるレジャースポットが多いこと（幕張のライブイベントとかにも行きやすい）。あとは、治安の悪いイメージが強い松戸よりも、ベイタウンの市川を好む人が多いことなどだ。だが、87頁の表でも取り上げた通り治安については大差ないので、この辺は完全に感覚的なものだろう。テーマパークとかギャンブルに興味のない人なら、松戸に住んだほうがお得かもしれない。

東葛のなかで注目したいのは、7・92万円という同エリア内では圧倒的に高い家賃相場を誇る流山市だ。同市は子育て支援に力を入れており、つくばエクスプレスで東京へのアクセスも良いことから、近年は人口が激増している。車で遠出をする際にも、高速道路のインターチェンジが近くにあるので便利というのもひとつの強み。東葛のなかでは唯一、葛南の市に太刀打ちできるレベルの人気を獲得しているのが流山市なのだ。

ちなみに、水道料金は平成28年時点では八千代市の安さが目立っていたが、最近になって老朽化した設備の更新費用確保などの目的から料金の見直しが行われているため、現在は他の事業者と比べても大きな差はないようだ（それでもかなり安い方なんだけどね）。

群雄割拠の大型商業施設たち

東葛・葛南への引っ越しを考えるとしたら、周辺の買い物事情も気になるところ。ただ、首都圏のベッドタウンということだけあって、ほとんどの地域でスーパーやコンビニなどは豊富だし、生活必需品レベルの買い物なら困ることはないだろう。問題は、インテリアや洋服などちょっと気の利いたものを買いに行ったり、家族や友人を連れてレジャー感覚で遊びに行けるような大型ショッピングモールの有無だ。

その点、船橋には国内最大級の規模を誇る「ららぽーとTOKYO－BAY」がある。大型ショッピングモールの代表格である「ららぽーと」のなかでも、

東葛・葛南エリアの主な大型ショッピングモール

エリア	施設名	店舗数	敷地面積
東葛	テラスモール松戸	約180	約4万9000m²
	ららぽーと柏の葉	約180	（本館） 約4万1654m² （北館） 約1万6768m²
	イオンモール柏	約100	約4万4606m²"
	セブンパーク アリオ柏	約200	約13万0000m²
	流山おおたかの森 S•C	約130	約4万0573m²
葛南	ららぽーと TOKYO-BAY	約440	約17万1000m²
	イオンモール船橋	約160	約6万5600m²
	ニッケコルトンプラザ	約150	約14万2200m²
	イクスピアリ	約140	約7万3700m²

※各種資料により作成

旗艦店に位置付けられており、入居しているテナント数も440店舗と、桁外れの規模を誇っている。商業施設の定番ともいえるイオンモールも抑えているし、やはり船橋は住みたい街として隙が無いように思える。

ここでもやはり葛南のほうが強いのかと思いきや、商業施設の数なら東葛の柏だって負けていない。市内には「ららぽーと柏の葉」、「イオンモール柏」、「セブンパークアリオ柏」と、店舗数100超えの商業施設が各地に存在している。家賃が比較的安いことや、つくばエクスプレスの利便性を鑑みると、柏は十分、引越し先の選択肢に入ってくるだろう。

「おおたかの森S・C」がある流山市や、新しく「テラスモール」が開業した松戸は、埼玉方面の「ららぽーと新三郷」（IKEAやコストコが併設されて大人気）や「越谷レイクタウン」にも足を伸ばしやすい点が評価できる。

習志野や八千代、野田や我孫子、鎌ケ谷の場合は、大型ショッピングモールで買い物がしたいなら市外に出ていく必要があるが、紹介した通りこの一帯にはたくさん買い物先の候補があるので（幕張や印西方面にもたくさんある）、たまに出かけるくらいならさほど不便には感じないかもしれない。

住むならリノベーション団地が狙い目？

昭和の時代には庶民の憧れだった団地も、現在では住民も建物も老化が進み、急激な高齢化によって地域ごと衰えていくといったケースが増えてきている。ベッドタウンとして発展してきた東葛・葛南も現在進行形でそうした問題に直面しているのだが、そうした流れに抗う動きもある。

松戸市の八柱駅近くにある「牧の原団地」では、「無印良品」で知られるMUJIとUR都市機構が共同でリノベーションプロジェクトを立ち上げ、若いファミリー層にもウケそうなオシャレでスマートな部屋づくりを行っている。キッチンを対面式にしたり、壁付きでも足のないものを使ってキッチン下を自由に使えるようにしたほか、半透明のふすまやアクリルの欄間で開放感を演出するなど、さまざまな工夫を凝らしている。こうした若い世代への訴求力を持たせようとする老朽化団地のブランド戦略。団地再生アプローチのひとつとして今後かなり注目されそうだ。

ベッドタウンだけあって団地の多い東葛・葛南エリア。人もモノも一気に老朽化が進んでいる

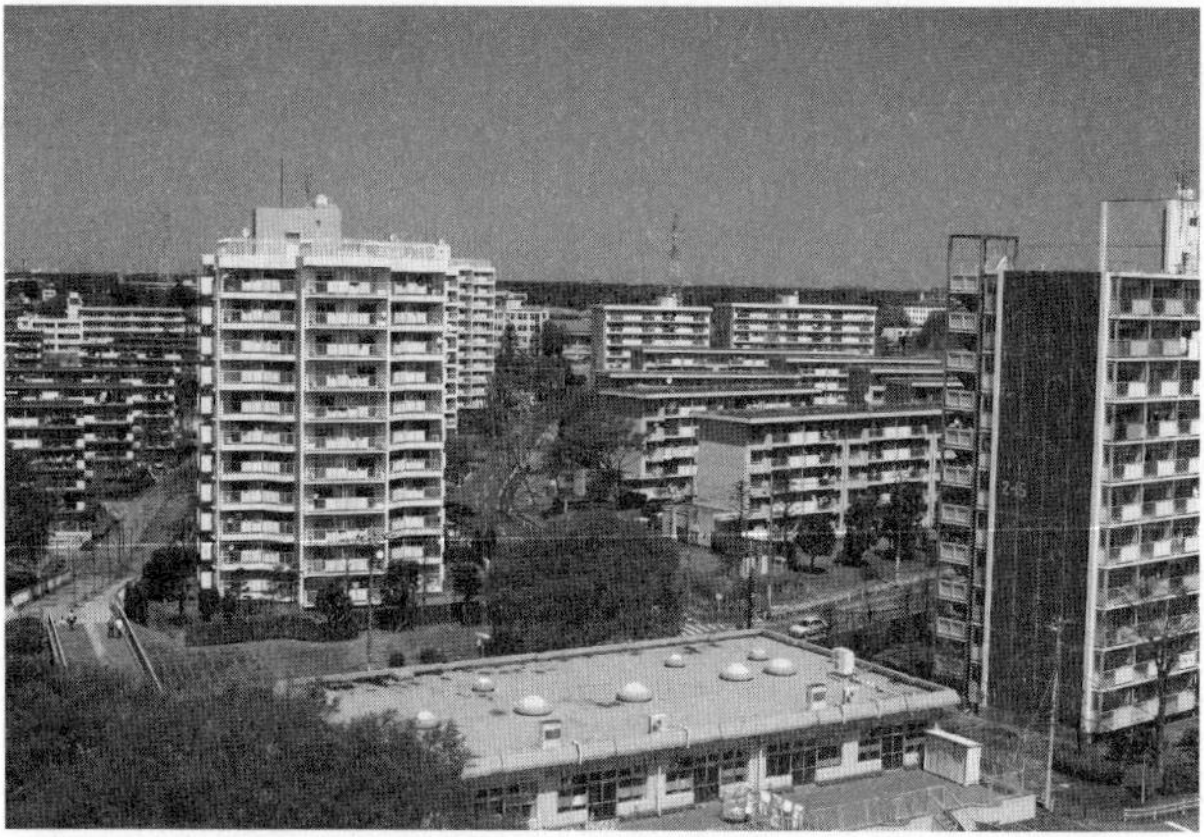

古くなったとはいえ、団地は学校や保育施設が近いといったメリットもある。再生事業に期待だ

気になる教育事情 進学校は東葛より葛南に集中？

東葛の高校は柏の一強状態

人気のベッドタウンを構成する要素として、もうひとつ重要なのが、エリア内に存在する学校のレベル。「子に過ぎたる宝なし」とはよく言ったもので、どれだけ子供がいるかは街の盛衰に直結してくる問題でもある。だからこそ自治体は子育て支援に力を入れ、子供を産みやすい環境をつくり、ニューファミリー層の流入を促す。さらに移住を考えるニューファミリー層にとって、子育て環境の良悪は移住先を決める重要なポイントになるが、加えてその先、移住先の教育水準の高低も重要になる。どんな時代も、我が子のために、できるかぎり良い学習環境を整えてやりたいのが親心だ。では、とくに新住民にとって気になる東葛・葛南エリアの教育水準について見ていこう。ここからは、103頁の表をご覧になりつつ読んでいってもらいたい。

まず東葛についてだが、わかりやすい基準として高校の偏差値を取り上げたとき、エリア内の高偏差値校は柏市に集中している。東葛一のエリート&ブランド校である東葛飾高校を筆頭に、芝浦工業大学柏高校、麗澤高校、柏高校など、私立・公立ともにレベルの高い学校がそろっている。一方、松戸は専大松戸や小金高校の進学クラスこそ偏差値は高いが、全体的なレベルは柏よりも下。それゆえか、高卒者の大学進学率は柏のほうが約10パーセントも上と、明らかな差がついている。スポーツ教育の観点でも、流経大柏、日体大柏、市立柏など、サッカーをはじめ各種スポーツで全国レベルの好成績を残す高校を多数抱えた柏に対し、松戸で全国的に有名なのは専大松戸の野球部くらい。

また、教育水準の差を表す別のデータとして、松戸と柏の市立図書館の蔵書数を比べてみると、柏の約92万冊に対し、松戸は約49万冊と、ここでも40万冊以上もの差がついている。実際、松戸市に寄せられた意見の中にも、図書館の使い勝手が悪いと訴える声があった。教育の在り方を論じる以前に、知識に対する好奇心や探求心を育む土壌のようなものが、松戸には乏しいのかもしれない。まあ、これはあくまでも柏と比較した場合の話で、ランキングに載ってすらいない東葛の他の街に比べれば遥かにマシなんだけどね。

全体的に教育レベルの高い葛南

葛南に目を移すと、このエリアで偏差値トップとなるのは市川高校。中高一貫校で、立地的には松戸方面から通った方が楽だったりする。図書館やグラウンドなどの施設は充実しているようだが、特進クラスと普通のクラスで格差が大きいらしい（どの学校でもそんなものだと思うけど）。同じ市川からは、国府台女子学院もランクインしている。市川高校に次いで偏差値が高いのが習志野の東邦大付属東邦で、こちらも中高一貫校。東邦大付属というわりに、すぐ隣に立っているのはなぜか日本大学だったりする（そのさらに隣が東邦大学なんだけど）。公立でもっとも優秀なのは県立船橋高校。ここは千葉県内でも有数の進学校で、「千葉公立高校御三家」に名を連ねる名門だ。ちなみに、他の

東葛・葛南エリア　高校偏差値ランキング

順位	高校名	所在地	偏差値
1位	市川高等学校	市川	75
2位タイ	東邦大学付属東邦高等学校	習志野	74
2位タイ	船橋高等学校（普通科）	船橋	74
4位タイ	専修大学松戸高等学校（E類型）	松戸	72
4位タイ	東葛飾高等学校	柏	72
6位タイ	芝浦工業大学柏高等学校（普通科グローバル・サイエンスコース）	柏	70
6位タイ	薬園台高等学校	船橋	70
8位	日本大学習志野高等学校	船橋	69
9位タイ	国府台女子学院高等部（普通科選抜コース）	市川	68
9位タイ	麗澤高等学校（普通科叡智スーパー特進コースS特進）	柏	68
9位タイ	柏高等学校（普通科）	柏	68
9位タイ	八千代松陰高等学校（普通科IGS国際教養コース）	八千代	68

※同じ高校の他学科は省略

2校は先ほど紹介した柏市の東葛飾高校と、千葉市の千葉高校だ。他にも船橋からは、薬円台高校と日大習志野高校の計3校がランクイン。葛南の中でもとくに高い教育水準を誇っている。

また、葛南には偏差値だけでは測れないスポーツ有名校も存在する。市立船橋高校、市立習志野高校、八千代高校の3校は全国高校サッカー選手権やインターハイの常連校だ。また、市立船橋&市立習志野は、学区制に縛られない「全県学区」となっており、県内からスポーツ目当ての生徒が押し寄せてくる。この2校と比べると八千代高校はやや格落ち（それでも強豪なのは確かだが）となるのは致し方なし。集まってくる生徒の分母が違うのだ。

ここでサッカー少年のお母さん方は、結構頭を悩ませる。うちの息子はJリーガーになる気満々なんだけど、もしダメだったら、大学進学とかできるのかしら？　スポーツで名を売る高校というのは、一事が万事「部活優先」である。事実、公立の進学校でもある八千代高校は別として、市船&市習に入った以上、部活でレギュラーにならなければ「アウト」である。本人の自信通りに活躍できればいいが、3年間ボール拾いだけやらされたあげく勉強もさっぱり、なんてことになりかねないのだ。サッカーに限らず、市船&市習は野球やバスケでも強豪校として有名だし、ちなみに市習は吹奏楽部も強い。いずれのスポーツでも「その後」を考えて悩む親は多いが、厳しい勝負の世界で生き残れるかどうかは結局、本人の努力次第だろう。中には、9位タイにランクインした八千代松陰高校のように、国立大への進学率も高いのにスポーツも盛んという、文武両道の高校も存在する。しかし、進学組と部活組での格差は当然存在するので、どっちつかずにならないよう、目的を定めて受験する必要があるだろう。

やはり多くの人が集まるベッドタウンだけあって、学校の選択肢も豊富な東葛・葛南。十分な学力さえあれば、進学先の選択肢には困らないだろう。

東葛の名門校といえば、やはり東葛飾高校だ。2016年には中学校も設立され、併設型中高一貫校になった

全国有数のサッカー名門校・市立船橋。入学するよりも、入った後の部活内での熾烈な競争こそが本番だ

東葛・葛南コラム 2

ご当地アイドルもヴァーチャル時代へ

広くネットが普及し、テレビ以外にもさまざまな形で映像コンテンツを楽しめるようになった昨今、そうした時代に生きる比較的若い世代をターゲットに、漫画やアニメといった2次元コンテンツで街おこしを試みる自治体は珍しくない。もし自分たちの自治体が登場するアニメが大ヒットしたら、その自治体はアニメファンたちから聖地としてあがめられ、観光客増加などのさまざまな経済波及効果の恩恵にあやかれるからだ。最近だと、茨城県の大洗町がその最たる例に挙げられるが、この街を舞台にした某戦車アニメが大ヒットしたことによる経済効果は、最盛期で年間7億円以上とも見積もられている。そうした時流に乗っかろうとする動きが、いまや日本の各地で起こっているが、実は千葉県の東葛エリアも例外ではないのだ。

たとえば流山市は、流山市を中心とする千葉県東葛エリアをモデルにしたア

ニメ『普通の女子校生が【ろこどる】やってみた。』と、2014年の放送中に業務提携を結んでいる。このアニメは4コマ漫画が原作で、作中には流山市をもじった「流川市」という架空の都市が登場するほか、一部の登場人物たちの苗字を東葛内の地名から取っていたりと、地元民なら思わずニヤリとするようなローカルなネタが多い。2019年にも流山市内の商店が参加するカレンダーラリーや缶バッジの配布といったキャンペーンを実施していて、地元経済の活性化に一役買っている。

　流山市のような形でのアニメタイアップは比較的スタンダードといえるが、柏市はもっとスゴイ。プロのアニメ制作会社には頼まず、クラウドファンディングでお金を集めて、自分たちでアニメを一から自主制作した。ユーチューブでも配信されている、その「超普通都市カシワ伝説」というタイトルの自主制作アニメは、柏に縁のある著名人や夢を持つアーティストたちを集めて作られたもので、現在は第1シーズンの全10話が配信されている。とはいうものの、このアニメ、正直なところアニメと呼んでいいのか疑わしいほど手作り感あふれる内容になっており（これはかなりやさしい表現で実際のレベルは……）、そのすがすがしいほどの低予算っぷりは、一周回って面白いとすら思えてしまう。2019年夏には第2シーズンの公開が、2020年にはローカル局でのテレビアニメ化が実現した。もしかすれば、何かの拍子に人気に火が付く可能性も皆無ではないだろう、多分。クオリティはともかく、制作陣の一牛懸命さは伝わってくる作品なので、柏民だけではなく松戸民も応援してあげてほしい。

こうした動きに対し、「じゃあウチはもっと先進の流行を取り入れてやる！」と名乗りを上げたのが、コスプレやアニメといったコンテンツ事業に力を入れる街・松戸市だ。「ばけごろう」という、ゆるキャラ初のヴァーチャルユーチューバー（ユーチューブで映像配信を行う架空のキャラクターのこと）を生み出したり、話題のＶＲ技術などを駆使し、松戸の魅力を伝えるご当地アイドルのオーディションを行ったりと、なかなか挑戦的な試みを打ち出している。さらに続けて、松戸のご当地ヴァーチャルユーチューバーの声優（いわゆる〝中の人〟）や、メンズアイドルグループのメンバー募集も行っていて、地方自治体にしてはかなり積極的な事業展開を推し進めている。ただ、こうしたＶＲコンテンツ界隈にはすでにいろいろな企業が進出しており、その多くは単純に人気が出なかったり、あるいはキャラクターに声を当てる声優との契約トラブルなどで、事業失敗に追い込まれるケースも珍しくない。そうした課題を乗り越え、他に埋もれない松戸オリジナルのコンテンツ事業を成功させることができるか、松戸市の手腕が試されるだろう。

２次元およびＶＲコンテンツは当たればデカい。が、そのぶん失敗のリスクも大きいギャンブルではある。果たして東葛がオタク界隈の知名度を上げる日が訪れるのか……まあ話題のアニメの舞台になって、その尻馬に乗れるのが一番楽なんだけどねえ。

第3章
東葛・葛南住民ってどんな人たち？

松戸民の意外な地元愛とヤンキー文化の名残

わりと保守的な松戸市民

ここまでの1章と2章では、東葛・葛南の歴史と地域性について解説してきた。エリアを構成する各市の特徴は大体つかんでもらえたと思うが、次に気になるのが、それらの街には一体どんな人種が暮らしているのかということだ。街の品格というのは、そこに住む人々の民度によって決まるといっても過言ではない。この章では、東葛・葛南エリアで暮らす住民の特徴について、それぞれの市ごとに見ていくことにする。

まず注目したいのは、東葛のなかでも江戸時代の宿場町として栄え、古くから多くの人が集まる街だった松戸。市川と同じく東京に隣接するこの街は、地元意識の低い「千葉都民」の巣窟だといわれてきた。とはいえ、昭和の高度経済成長期に引っ越してきた人なら、この街に暮らして約60年くらいは経っている。そうした移住組の子供たちは生まれてからずっと松戸で暮らしているわけで、個人差はあれど、皆それなりの地元愛を持っている。

たとえば、松戸に居を構え、生活するおっさんの多くは東京に勤務する常磐線、武蔵野線、新京成線沿線のサラリーマン。1970年代に急速に発展したこの地で、管理教育真っ只中に身を置きながら、その競争に打ち勝ってきた40～50代の彼らは、地元である松戸の住民としてのプライドが高い。とくにかつて合併問題でもめにもめた柏に対しての格上意識は強く、隙あらば東京からの通勤距離や市の歴史の長さでマウントを取ろうとしてくる。「かつては映画といえば輝竜会館とバンビ劇場！　柏シネマなどポ○ノ映画館！」なんて昔の話をいまだに蒸し返す人もいるくらいだ。

まあ実際に新京成線沿いは瀟洒な住宅街が多く、大企業の役員クラスのおじさま方が多く住む松戸。裕福な人たちが多い印象はあるが、所詮は常磐民だけに小金持ちレベルで、実はケチな印象もぬぐえない。そもそも「西口の松戸伊勢丹（現在はキテミテマツド）とペデストリアンデッキを繋ごう！」という意見が出た際、「地元の駅前商店街が廃れる」という消極的な理由で計画が頓挫。ただの歩道橋にしてしまったために、西口の発展に冷や水をぶっかけてしまった過去を鑑みても、閉鎖的で内向型な思想が見てとれるというもの。柏がダブルデッキを拡大して駅前の商圏を二番街まで広げたのとは真逆の発想である。

とはいえ、その固く保守的な思想は、我が子への教育熱へと繋がったようで、『働き子育てしやすい街ランキング2018（日経DUAL×日本経済新聞共同調査）』では千葉県トップの第5位で、第10位の柏を凌いでいるのも見逃せないところ。結局、松戸のおっさんは、やや保守層で、子煩悩なおやじばかり。その子供たちも派手さはなく、真面目な印象が強い。

駅前の印象から、松戸のギャルはケバめのキャバ嬢風が多いイメージもあるが、実際のところは真逆で、偏差値高めの眼鏡女子も少なくない。前述の保守型おっさんを親に持つ彼女たちの多くは、通学距離の短さを生かし、東京の国立・私立一貫校へ入学。その後も高校、大学、就職と地元を一切経由しないで成長していくケースも多々見られる。親譲りの松戸民プライドを持つ一方、気の利いたショッピングをするなら柏マルイあたりを選ぶという、女性ならではの現実的な考え方も持っていたりする。

伝説になった松戸ヤンキーの今

松戸民を語るうえで欠かせないのがヤンキー文化。松戸のヤンキーといえば、漫画『カメレオン』の「マッド苦愛（クラブ）」みたいなイメージを持つ方も多いことだろう。実際問題、80～90年代にかけて常磐線松戸駅は綾瀬駅と並ぶオヤジ狩りのメッカで、オヤジが駅前をウロウロするのはサメの水槽にイワシを巻いて飛び込むようなものといわれた。路地裏に連れていかれて「ジャンプしてみろ」と脅されるのはよく見る光景だったが、それも今や昔。現在の松戸近隣の中高生は非常に大人しく、礼儀正しい子がほとんどで、漫画に出てくるようなヤンキーらしいヤンキーを目にするのは難しい。

では、松戸のヤンキーは絶滅してしまったのかといえば、さにあらず。現在のヤンキー構成員のメイン層は、30代後半から40代後半の中年たちだという。

カメレオン世代とでも呼ぼうか、管理教育への反発からか中高が荒れに荒れていた時代に地元の中高を卒業した彼らがまだ現役バリバリなのだ。「え、それってヤ○ザか半グレじゃん」と思うだろうが、まったくその通りで、松戸ヤンキーは若いうちから事務所に顔が利くのは当たり前。さらに武闘派中の武闘派ゆえに、中学生くらいからケンカが強い奴は滅法強い。ヨソ者を寄せ付けない暴力臭ゆえに、松戸ヤンキーの構成員は基本、地元メンバーに限られる。

そんな彼らを駅周辺で目撃しなくなったのは、電車が中心のティーンエイジャーから、ご自慢の車が移動手段のおっさんになったからだろう。古ヶ崎、五香、八柱あたりにいけばミニバンかランクルのそれらしい車をよく見かけるはず。また、2000年代くらいまでは、週末の夜にもなれば国道6号沿いで大量（40～50人）の暴走族が見られたものだった。最近になっても4～5台の暴走集団が根木内方面へ爆走するのを目撃したところからすると、絶滅危惧種ながら、族はちらほら生存しているようだ。ぜひ松戸を訪れたら、車やバイクという機動力を有した松戸発の彼らが、他地域へ進撃する姿を目撃してほしいけど、目は合わせないようにね。

松戸の老人は意外と働き者？

常盤平や小金原、牧の原に古い団地を抱えた松戸は、比較的老人の多い地域である。とはいえ、松戸の閑静な住宅地に住む老人には、大きな会社をリタイアした、ちょっとしたお金持ちも少なくない。悠々自適な隠居生活を送っていそうな彼らだが、意外にも労働意欲は高い。ただし、もちろん選ぶ仕事はホワイトカラー、とくにマンション管理者や図書館事務など、自らのキャリアを生かした場所で余生を送っている。一方、団地住まいの老人たちも介護ホームやスーパーのカート整理、清掃作業など、募集の絶えない場所でよく働く。

そんなカタギの松戸老人は働き者だが、当然アウトローも存在する。北松戸の松戸競輪には週末ともなれば、ドカジャンを着込んだ人生の先輩たちが集中下車し、車券を片手に「○○！　そのまま！　あーっ、どうやって年越すんじゃボケ！」と実に品位のある応援をする光景を目にする。人口が多いだけに、老人だけでも多種多様なのが松戸の特徴といえるだろう。

短パンTシャツというラフな格好で駅前をウロつく松戸男性。若者よりも中年のほうがガラが悪い

団地の老朽化とともに、住民の高齢化が急速に進む松戸。ただ、労働意欲のある元気なお年寄りも多い

東葛の勝ち組ゆえの余裕に満ちた柏民

ハンパにこじゃれた柏男

今や松戸に代わって東葛の盟主となっている柏だが、急速な発展の陰で街としての歴史は浅く、よくいえば先進的、悪くいえば軽薄な印象がある。それは柏で暮らす住民たちにも当てはまることで、たとえば柏のおっさんは「明るい、軽い、チャラい」イメージ。これはおっさんだけではなく若い男性にも共通するもはや柏の伝統だ。実際に柏駅の東口から西口には夕方ともなれば、ウェイウェイと飲み歩く地元サラリーマンの群れが出現する。柏は地場産業が多く、「柏で働き、柏で遊ぶ」おっさんたちの数が松戸と比較してはるかに多い。彼らは学生時代同様、仲間の飲み会を柏でハシゴし、ご自慢のダブルデッキ上でいまだに青春を謳歌中なのだ。さらに彼らをウェイウェイとさせる存在が柏レイソルだ。週末の試合に勝った後には、三國志の黄巾党のごとく黄色いウェアに身を包んだおっさんたちが練り歩き、居酒屋では乾杯のコール。サッカーに興味のない人からすれば、やかましくて迷惑なだけだが、そんな明るく軽い性格が街の発展の原動力となったとも考えられる。実際、柏には我孫子や取手、流山など近隣のおっさんたちが集まる傾向にあり、開放的で外向きなおっさんたちがさらに人を呼び寄せているのは間違いない。柏の葉や柏たなかなど、オシャレなつくばエクスプレス沿線にも、そんなおっさんを長とした家族世帯が次々と流入しているのは事実だ。

そんな彼らの子育て状況は、松戸に比較してやや緩い。管理教育全盛期の松戸や我孫子、野田、流山の中学校では「丸刈り校則」なる坊主頭を強制する校則がデフォルトであったにもかかわらず、なんと柏の中学校は髪型自由！　そんなリベラルな環境にあれば、おのずと子供への干渉も緩くなるというもの。そノリの軽さと女癖の悪さのみを我が子に伝承し、見事に地元のチンピラ化させたおっさんも決して少なくはないはずだ。

派手好きでクルマ好きの柏女子

また、明るく華やかな柏の街で育った女子には、派手好きで遊び好きのギャルが多い。ゆるーい環境で育った会社員の娘や、旧沼南町の地主の娘などで構成される彼女たちは、総じて甘い親に育てられたゆとり第二世代。贅沢をするわけではないが、ネイルやカラコンなどのショップがあふれる地域に育まれ、ファッションには金を惜しまない。柏ドンキで化粧品を買い込み、流行りのスイーツなんかを片手に二番街を徘徊するのが日常だ。

確かに古着屋やセレクトショップなどが軒を連ねる「裏柏（ウラカシ）」なるエリアは存在し、一部サブカルっぽい雰囲気を醸し出す場所にそれ系の女子もいる。またドンキの4Fには同人誌などオタクグッズを取り扱うアニメイト柏、柏マルイのB1Fにはフィギュアやトレカ満載のイエローサブマリンがあり、いわゆる腐女子たちが集う場所もあるが、悪貨は良貨を駆逐するの言葉通り、圧倒的物量を誇る柏ギャルの覇権は揺るがない。

上下のオシャレジャージを着こなし、しゃがんでスマホをいじりながらライオンズタワー周辺にたむろする者、下着が見えそうなダメージジーンズで柏神社の先へ颯爽と歩いていく者など、多士済々な彼女たちのカラフルさは松戸をはるかに凌ぐレベルにある。そしてなぜか彼女たちはひとり1台マイ軽自動車を持つ傾向がある。旧沼南町が軽自動車の車庫届必要地域から除外されているのが原因なのか（柏の他地域、松戸、流山、我孫子はすべて必要です）、車好きが多く、沼南イエローハットには女子オンリーの客も多い。抜群の移動能力を生かし、大山台の極楽湯に浸かった後に、ROUND1でオールはもちろんのこと、その翌日にはモラージュ柏まで繰り出すといった地元民特有の動きを見せるのが常だ。彼女たちはUFOキャッチャーのぬいぐるみと謎のフワフワしたものを飾り立てた軽を駆って、今日も柏アリオを目指す。結局、茨城あたりのギャルとあまり変わらない生態ともいえる。

マイルドヤンキーが多い柏

武闘派のエリートヤンキーが多かった松戸と比べると、かつての柏ヤンキーは比較的大人しいというか、チャラい印象だった。同じく柏に住む親や兄弟、親戚、幼馴染と生活や遊びをともにし、地元愛も強い彼らは、小中高と柏で育ち、地元のガテン系に就職。カノジョも嫁さんも地元民、親の近所に住んで、ヤンキー仲間とバーベキューと、まさにどこに出しても恥ずかしくない、郊外型マイルドヤンキーの典型といってよい。ナンパが日常的だった70〜80年代生まれの彼らは、若かりし頃にはダブルデッキの上で歩きながらOL風の女性に声をかけ、4WDを駆って東口駅前ロータリーを周回し、ギャルを物色したもの。

そんな彼らも今では家族持ち。とくに夏になると活発に動き回り、南柏まつり&柏まつりに家族連れで参加。アロハにビーサンで屋台をめぐり、駄々をこねる狼カットの息子を叱りつける声がやたらとデカい輩が目立つ。さらに手賀沼花火大会あたりには興奮も絶頂を迎え、場所取り解禁とともにブルーシート片手に猛ダッシュをかける……というのが定番だ。ただ、最低限の節度はわきまえており、地元民への迷惑行為などは決して行わないのも特徴のひとつ。また、友達の友達にも人懐っこく接し、自らはDQN校出身者であっても、進学校出身者に対しては「ナンだ東葛かオメー、頭イイじゃんョ」などと敬意を表す余裕がある。このメンタリティは柏で生まれ育った地元愛ゆえのもので、まさに柏プライドこそが彼らの精神的支柱として根付いているからだといえるだろう。

20代の柏ヤンキーは沼南町合併後に勃興した第2世代。第1世代と同じくマイルドヤンキーでありながら、マルイ効果によってファッション的には渋谷系と、より洗練されている（と思っている）ため、他地域のヤンキーを見下す傾向が強い。先の柏ギャルとの相性がよく、深夜のドンキやROUND1を用もないのにフラフラするのが日常。まあ、やがて彼らも狼カットの子供を連れてバーベキューに行くことになるだろう。歴史は繰り返されるのだ。

そんな柏ヤンキーにはまさに移民ともいうべき存在がいる。松戸や流山、野田、さらには取手や土浦から地元の高校を卒業後、柏のブルーカラーに就職し、定住するネオ柏ヤンキーだ。移民といえば原住民との軋轢が起きそうなものだが、これが意外と調和して暮らしているのだ。そもそも柏の住民の他地域の人々を受け入れる度量が大きいのは、前述した通り。「柏ラブ」である限り、たとえヤンキーであってもその辺は変わらないのである。

松戸より都会っぽい印象の柏。周辺エリアから遊びに来る人も多く、いろんな人種が入り混じる

若いカップルや家族連れの多い柏の葉。住みたい街ランキングの上位に入賞するなど、非常に人気が高い

忘れかけられた我孫子
ショボいところが逆に魅力!?

我孫子といえば手賀沼だけど……

東葛の中でも、ちょっとどころじゃなく地味なポジションに甘んじているのが我孫子である。江戸時代に水戸街道の宿場町として栄えたこの街では、利根川を利用した水運も盛んだった。また、手賀沼湖畔の風光明媚な土地であったことから、明治時代には白樺派の文人である志賀直哉や武者小路実篤、思想家の柳宗悦、陶芸家のバーナード・リーチなど、多くの文化人が我孫子に居を構えたり、別荘を建てたりした。かつて「北の鎌倉」なんて呼ばれてもてはやされた我孫子は、その後、鉄道網の発達とともにベッドタウンへと姿を変えていく。昭和40年代半ばから平成の頭にかけて人口が急増したようだが、少子高齢化が叫ばれる昨今は減少傾向にあり、市の行政も何か手を打たなければと画策している。このように少しずつ衰退の兆しを見せ始めているのが、今の我孫子という街なのだ。

そんな我孫子市民のささやかな自慢が、文人たちも愛した手賀沼。整備された公園や親水護岸は市民の憩いの場となっているほか、恒例行事として花火大会やマラソン、トライアスロンなどが開催され、毎年多くの人が集まってくる。まさに、手賀沼は我孫子の象徴であり、市民の誇りともいえる存在なのだ。とはいえこの手賀沼、高度経済成長に伴う生活排水の急増により水質が急激に悪化し、昭和49年度から平成12年度までの27年連続で「日本一汚濁した湖沼」になってしまったという不名誉な記録を持っている。ピーク時に比べれば現在の水質はかなり綺麗になっているものの、それでも環境省の定める基準によれば、まだまだ汚れているとされるレベル。かつての手賀沼は底が透き通って見えるほど澄んでいて、漁師たちも沼の水をすくって飲んだという。明治の文人たちの心を惹きつけたのは、そうした手賀沼本来の美しい姿だったのだろう。市は今後も水質改善に取り組んでいくようだが、果たして手賀沼がかつての清浄さを取り戻す日は来るのだろうか。

我孫子市民の地味すぎる優越感

手賀沼がまあまあすごいのはわかったけど、他に名物とかないの？　と調べてみたところ、どうやら我孫子駅構内の立ち食いそば屋「弥生軒」で食べられる「唐揚げそば・うどん」が、市民の間では自慢らしい。弥生軒は『裸の大将』で知られる画家・山下清が働いていたこともある老舗で、創業は1928年と90年以上もの歴史を誇る。名物の唐揚げそば・うどんは、そば・うどんの上にどデカい唐揚げを乗せるというシンプルかつ豪快なもので、これが鉄道マニアなどを中心に人気を博し、今では我孫子の名物として愛されるようになったという。立ち食いそば屋のメニューが街の名物ってのもどうなの？　って感じだが、そんな素朴な味を愛するのがアビコイズムらしい。ほかにもグルメでいえば、市内にはウナギの名店が多数存在している。これはかつて手賀沼が質の良いウナギの産地だったころの名残だが、福島原発事故の影響で手賀沼の魚類から高濃度の放射線が検出されたため、手賀沼産のウナギは漁獲が自粛されてしまった。2016年に出荷自粛が解除されたが、その約5年で地元が受けた痛手は大きかった。

また、我孫子市民が周辺エリアに対してちょっと優越感を持っているのが、常磐線の各駅停車に我孫子始発が多いこと。毎朝の通勤・通学で確実に座れるのは確かにアドバンテージだろうけど、そのためだけに我孫子に住みたいかといったら答えはNOだ（常磐線特別快速は停車しないし、成田線も本数が少ないし……）。

昔あった「手賀沼ディズニーランド計画」が実現していれば、我孫子も浦安ような人気の高級住宅街になっていたかもしれないけど、いまさら言っても仕方ない。これからも我孫子市民は、千葉か茨城かわからない「チバラキ」として、地味な暮らしを続けていくことになりそうだ。

で、結局のところ我孫子市民の特徴は何なの？　う～ん、街と同じで地味で謙虚、素朴でいい人たちですよ。

現在は公園になっている志賀直哉の旧居跡。平成28年2月末、ヒカリモという黄金色に光る藻が、この旧居跡の池に発生したとか

我孫子駅にある弥生軒。駅に降りたら名物の「唐揚げそば・うどん」を食べなきゃ始まらない

生まれ変わった流山
意識の高い新住民たち

人口増加率は県内トップ！

流山市は千葉県の北西部に位置し、東葛内では、東は柏市、南は松戸市、北は野田市と隣接している。市域のほとんどを平坦な低地が占めており、農地や住宅地が多いのだが、かつては江戸川や利根川を利用した水運で栄え、一時期葛飾県庁が置かれるほどの街であった。

水運で栄えたのには、野田市の醤油と同様に、流山市はみりんの存在が大きい。流山市はみりんの原料ともなる米の産地であり、利根川や江戸川べりの米は良質で「本多米」と呼ばれて日本橋の市場でも高い評価を得ていた。また、当時は高級品であったみりんの消費地は、ほとんどが江戸であったため、江戸から近かった流山市のみりんは大人気となり、大きな富をもたらしたようだ。しかし、その繁栄も1896年の日本鉄道土浦線（現在のＪＲ常磐線）の開通により、陸上交通へと移り変わり衰退していくことになる。1950年代以降は、江戸川台や松ケ丘を中心に住宅開発が行われはじめ、住宅地と農地だらけの流山市の姿が完成したようだ。

そんな流山にとって大きな転機となったのが、2005年のつくばエクスプレス（以下：ＴＸ）開通だった。それまで、流山市内には流鉄流山線、東武野田線（東武アーバンパークライン）、ＪＲ武蔵野線が通っていたが、それぞれが接続しないため市内の移動がしにくかった。ＴＸは、バラバラだった流山の各地域を繋ぐとともに、東京および茨城方面へのアクセスを格段に向上させ、流山を一躍人気のベッドタウンとして発展させていくこととなる。

それに伴って近年、流山市の人口は急激に増加しており、令和元年の時点で人口増加数・人口増加率とも4年連続の千葉県内1位を記録している。これはもちろん、より良い住環境を求めてやってくる市外からの転入者が増えたからで、現在の流山市ではそうした働き盛り（30～40代）の子育て世代が人口構成の中核を担うようになってきている。

買い物ひとつするにも「おおたかの森S・C」へ行けば大抵のものが揃うし、TXに乗ってお隣の柏の葉へ足を伸ばせば「ららぽーと柏」にも行けて非常に便利。埼玉方面に出向いて新三郷のIKEAやコストコを利用する手もある。市行政も子育て世代のファミリー層をターゲットにした支援策を積極的に打ち出しているし、東京都心まで20分という利便性を鑑みても、転入者が殺到するに十分な好条件が揃っていると評価できそうだ。

人口が激増しているがゆえの弊害も？

波に乗っているように思える流山だが、一方で急激な人口増加が原因となって発生している問題もある。とくに話題を呼んだのが、2017年5月に匿名で投稿された「母になるなら流山市はやめろ父になるなら流山市はやめろ」と題したブログをきっかけに取り沙汰された小学校の学区問題。このブログタイトルは「母になるなら流山」をキャッチフレーズにしている流山市に対して苦言を呈したものだ。このブログの筆者は、条件の良い新設小学校に子供を通わせるつもりで学区内の分譲マンションを買ったのに、急な学区変更のせいで遠くの古い小学校に子供を通わせなければならなくなったことに納得できず、不満の声を上げたのだという。この学区変更は、子供の数が増えすぎて新設小学校には入りきらなくなったため、既存の小学校との間で児童数を調整する目的で計画されたものだった。新設の学校と古い学校では当然、教育環境が変わってくるし、通学距離が長くなれば事故にあうリスクなども増える。なにより高いお金を払って学校近くのマンションを購入しているのだから、それが無駄になったとしたら不満が爆発しても無理はない。こうした市民の「お気持ち表明」が功を奏したのか、現在の流山市では学区を変更する際、住民登録や住宅売買契約の時期に応じて、指定学校の変更申し立てに柔軟に対応するとしている。今や意識の高い教育パパ・ママの巣窟となりつつある流山。人を呼び込んで市民税を増やしたはいいが、そのぶん、口うるさい新住民たちに行政の改善をせっつかれることになりそうだ（それが健全なんだけどね）。

キレイめなファッションに身を包んだ流山マダムたち。周辺には大型ショッピングモールが多く買い物には困らない

子育て世代が好むベッドタウンとして、いま東葛でもっとも勢いのある流山。ただ、人口急増に政策が追いついていない面もある

「醤油しかない」のは市民だって理解している野田

特殊な立ち位置にある醤油の街

東葛の北西端に位置する野田市は、東葛や葛南には珍しくベッドタウン要素の少ない街だ。その理由としては、東京からビミョーに遠い位置にあるというのもあるが、なによりも醤油メーカー・キッコーマンの企業城下町としての性格が強いことが挙げられる。

ジャーナリスト・大宅壮一（1970年没）が野田市を評した文章を引用すれば「ここは、いわば〝醤油藩〟である。藩主に代わるものが古くからこの町に君臨していた醤油業者であり、今は合同して会社になっても、その支配力を失っていない」（週刊朝日　1954年1月31日号）。ここで言う「藩主に代わるもの」とは、キッコーマンの創業一族である茂木家、高梨家の通称「一族八家」のことで、キッコーマンの経営は代々この一族が握っている同族経営会社である。創業は1917年（大正6年）だが、創業以前から茂木、高梨の一族は代々醤油造りの蔵本であり、野田の醤油造りの歴史は400年に渡るという。ただし野田にある醤油製造業者としてなら、キッコーマンよりも古いのが「キノエネ醤油」。1830年から続く老舗で、濃い口醤油のキッコーマンとは違い薄口の白醤油が主力商品。キノエネ白醤油のシェアは全国の30パーセントというから、さすがは醤油の街・野田の老舗だ。

千葉っぽくない自覚はある野田市民

2015年のデータで見ても東京への通勤・通学率は12・5パーセントと東葛で最低。距離だけでいえば、野田よりも圧倒的に都心から遠い千葉市と比べても約8ポイントも低い。江戸時代から醤油の醸造で栄え、市内にはキッコーマンの大規模な工場もあり、都心で働くサラリーマンよりも職人や労働者のほうが多いのだ。というか、都心よりも埼玉や茨城の方が近いし。そんなこんなで、野田には一風変わった土着の千葉県民が生息している。隣接した柏や流山からは「ド田舎」と揶揄され、北総や葛南の県民からは「ほぼ埼玉」とバカにされながら、やや自虐的な郷土愛を育んでいる。変に尖ったプライドがなく、話してみると意外に真面目で人が好いのも野田市民の売り。

そんな野田市民に「野田ってどんな街？」という質問を投げかけると決まって返ってくるのが、「醤油の街」と並んで「チーバくんの鼻のところにある街」という答え。発表当初は賛否両論を巻き起こしたチーバくんだが、今ではすっかり千葉のマスコットキャラクターとして定着した。恥ずかしがっているのは千葉都民だけで、千葉県民は意外と気に入っているのだ。とくに野田市民は、県外の人に自分の故郷を説明するときに、若干ドヤ顔でチーバくんの鼻について言及する。たしかにチーバくんの鼻の部分という説明はわかりやすいんだけど、聞いた方はなんでそんなに彼らが自信満々なのか理解しがたい。地元民の話によれば、かつては千葉県のどの辺にあるのかを説明するのに苦労していたそうで、チーバくんのおかげで簡略化できたことがすごくうれしいのだそうだ。

こんなことさえ自慢になってしまうのだから、野田がいかに話題に乏しいかがわかるだろう。野田市の口コミなんかを見ていても、「豊かな自然環境がある」とか「落ち着いた街並みが良い」とか、あまり個性を感じられないアピールしか書かれていないし、これじゃ積極的にこの街に移ってこようとする人も少ないだろう。

全国に共通していえることだが、自分の故郷に自信がある人は、出身地を尋ねられると区や市の名前を答える傾向が強い。たとえば東京の港区だったり、神奈川の横浜などが出身だと、都道府県名だけで答える者は皆無である。千葉県内でも浦安や千葉の市民は自信満々な顔で市名を答える。また、木更津や銚子なども街はぱっとしないが住民の郷土愛はそこそこ強いので同様だ。しかし、野田は断固として「千葉県」としか答えない。もし「千葉県のどこ？」と聞かれたら、前頁でも触れた「チーバくんの鼻」とか「北の方」などと答える。これは野田といっても千葉県内ですら通じないことと、県内の他市からバカにされすぎて、故郷に対して若干のコンプレックスを抱いていることが大きな原因である。こういうのは田舎育ちにしか理解できない感情で、都会っ子からすれば「隠す必要ないじゃん」と一蹴してしまいたくなる問題だが、田舎者には田舎者なりのプライドがあるのだ。

格の上下は気にしない！　柏へ溶け込む野田市民

そんなルサンチマンまみれにも思える野田市民だが、お隣の柏に対する格下意識が強いわけではないようだ。誇れるものはほぼ醤油だけ、商業都市・柏と比べれば街の規模はコールド負けなのだが、それを妬んだりしないのは「学生時代から当たり前に柏に通っていたから」というのが大きい。野田市は柏市と同じく第3学区に属しており、高校年代なら柏市内の高校に通う生徒も多くいた。というか、小学生高学年くらいから、休日ともなれば柏市内へ遊びに出かけるのが野田の子供である。大人になってから野田に住み始めた場合、柏と比べて「なんて不便なんだ」と思うのだろうが、野田の子供は始めから「野田には何もない」ことを前提として育ち、「なら柏に行けばいいじゃん」と自然に柏へ溶け込んでいく。引け目意識を感じるのではなく、柏も行動圏内なのである（というか「柏市野田」のイメージ？・）。そんな意識で生活してきたからか、逆にナンバープレート問題で「野田ナンバー」が誕生した際は、野田市民でも「そりゃないだろ」などと思ったとか。野田市長が野田の名を広めるべく誘致した野田ナンバーだが、「広めるったって醤油しかないじゃん」というのが野田市民の率直な意見だ。

というワケで、柏と松戸なら柏の味方につくのが野田市民。野田と松戸は間に流山市を挟むため行き来することがなく、東葛とはいえ交流はほぼない。似たような境遇にあり仲間だと思っていた流山もTX開通で一躍人気の街になってしまったし、野田にも何か良いニュースがあるといいんだけどねぇ。ただ、たとえ野田には醤油以外何もなくても、近場の柏や流山、少し足を伸ばせば埼玉の越谷レイクタウンにも遊びに行けるし、変な地元意識に縛られなければ、きっと不自由はないのだろう。

鎌ケ谷の知名度と立地が生んだ市民の消極的な地元愛

鎌ケ谷には何がある？

鎌ケ谷市は、柏市、白井市、松戸市、船橋市、市川市に隣接した、東葛内でも小さな市だ。住みたい街ランキングの常連に囲まれていて、ほぼ同じような住環境にあるはずの鎌ケ谷だが、その存在感は薄く、東葛なのか葛南なのか、正直いってはっきりしない。そこに住む鎌ケ谷市民も、千葉県都民とも千葉県民ともいえない中途半端な存在で、東京への憧れはありつつも、わざわざ高い運賃を払って東京に出るくらいなら、柏や船橋などの近場で済ませてしまおうという、消極的な地元愛を持った人が多い。船橋や柏などの人気筆頭といえるエリアほど人が多くなく、自然にも恵まれた静かな住環境であることから、のんびりとした郊外暮らしを楽しみたい人が集まりやすい傾向にある。

街の自慢になるような名所旧跡は、新京成線の駅名にもなっている鎌ケ谷大仏くらい。とはいえこの大仏、巷では「がっかり大仏」なんて呼ばれていて、実際に見に行ってみると、大仏と名乗るにはひかえめすぎるその小さなサイズに拍子抜けしてしまう。なぜ、こんな場所に大仏があるのかというと、これは１７７６年に鎌ケ谷宿の富豪、大国屋（福田）文右衛門が祖先の供養のために建立したもので、仏様の種類としては釈迦如来像らしい。江戸神田の鋳物師多川主膳に鋳造させた高さ１・８メートル、台座の高さ60センチの露坐の大仏で、鎌ケ谷市の文化財に指定されているほか、房総の魅力５００選にも選ばれている。鎌ケ谷市民だって、こんな名ばかりの大仏が名所だなんてホントは認めたくないだろうが、市外に向けてアピールできるものがほとんどないから、藁にも縋る思いで「鎌ケ谷といえば大仏！」と言い張っているに違いない。

数少ない鎌ケ谷の自慢として、もうひとつ挙げられるのが、北海道日本ハムファイターズの二軍本拠地である「ファイターズスタジアム」だ。あくまで二軍の球場なので出場するのは若手などまだ無名な選手が中心だが、ときには一

鎌ケ谷といえば大仏。しかし、初めてここを訪れた人はまさかこれが大仏なのかと目を疑うらしい

軍のレギュラー級が調整のために出場することもあるし、試合後には選手たちがサインや写真撮影に応じてくれることもある。日ハムファンをはじめ野球が好きな人なら存分に楽しめるはずだ。まあ、興味のない人の目にはさほど魅力的には映らないだろうけど。

とまあ、目立った特徴は少ない鎌ケ谷だけど、まったりとした暮らしが好みなら、ちょうどいい街かもしれない。東葛とも葛南ともいえない中途半端なポジションではあるけど、裏を返せば両方のいいとこどりをできるということでもある。上手に暮らせば、実は一番住みやすかったりして？

船橋市民、通称「バシッ子」はららぽーとで青春を過ごす

充実した機能を備える実力の街

東京通いの千葉都民が住む街の代表格として、長らく君臨してきた船橋市。不動産大手のＨＯＭＥ'Ｓが行っている「買って住みたい街ランキング」のトップにも選ばれたことのあるこの街は、東葛・葛南のなかでもトップの人口を誇る、いわば同エリアのエース的存在。都心に比べて手ごろな価格の住宅、東京へのアクセスの良さ、充実した商業施設など、この街にはおよそベッドタウンに求められる要素のほぼすべてが揃っている。しかも、そのどれもが非常に高い水準にあるのだ。

そんな街には、当然ながら子育て世代のファミリー層がこぞってやってくる。

「買って住みたい街」のナンバーワンに選ばれた実績が示しているように、都心へのアクセスと住宅価格のコストパフォーマンスに優れた船橋は、家賃ばかり高いだけの都内よりもよっぽど暮らしやすい（海や緑もあるし）。昭和後期〜平成初期にかけて船橋には、そうした街としてのポテンシャルをいち早く見抜き、都内住みというステータスにこだわらず、実益重視で街選びをする人たちが集まってきた。そうして人口が増えるうちに、大型ショッピングモールなども続々と建設され、押しも押されもせぬ人気のベッドタウンに成長していったのだ。まあ、メディアで人気の街ともてはやされるようになったことで、ミーハーな連中も殺到するようになったわけだけど。

一方で、船橋はファミリー層だけでなく、独身男性にも人気が高い。これは東京に住むほどの金銭的な余裕がない都内勤めのサラリーマンにとって、船橋あたりに住むのが現実的な選択肢であるということだろう。近くに遊ぶ場所やデートスポットはたくさんあるし、上京したての若い人でも退屈しない。中にはギャンブル好きが高じてこの街に住みついちゃったおっさんとかもいるだろうけど、やはり船橋はベッドタウンとしての色合いが強い。

ららぽーとＴＯＫＹＯ－ＢＡＹがバシッ子を育てる!?

当市に住む人たちが日常的に通っていて、他のエリアからも多くの人が訪れる複合型商業施設が「ららぽーとＴＯＫＹＯ－ＢＡＹ」である。船橋市のランドマーク的存在といえる「ららぽーとＴＯＫＹＯ－ＢＡＹ」は、三井不動産の子会社である「ららぽーとマネジメント株式会社」が運営しており、商業施設面積は11万5０００平方メートル。２００８年の10月に埼玉県越谷市に開業した「イオンレイクタウン」に広さでは抜かれてしまったが（商業施設面積24万５２２３平方メートル）、５４０の専門店に８０００台を収容する駐車スペース、映画館や劇場など様々なアミューズメント施設を有する、日本初の米国型ショッピングセンターである。

前身となった「船橋ヘルスセンター」の跡地に「ららぽーと船橋ショッピングセンター」として再出発したのは、船橋ヘルスセンターが閉鎖されてから約4年後の１９８１年で、開業当初はファミリー層をターゲットにした百貨店と専門店街で構成されていたが、後に若者向けを中心にした専門店街を前面に押し出した営業形態に転換。2006年8月にはブランド戦略の一環で「ららぽーとTOKYO－BAY」に名称変更した（旧名の「TOKYO－BAYららぽーと」と何が違うの？　って話だが）。若者の集約地へ変化するにつれ、デートコースとしても不動の地位を確立。船橋市で青春時代を迎えた通称・バシッ子（船橋っ子の略）の「ららぽーとデート」は一種、通過儀礼にもなっている。そうしたバシッ子の中には、メチャクチャ広い館内を完全に網羅している女の子などが、たまにいるのだが、これには恋人が代わるたびに繰り返し訪れ、『ららぽーとマスター』に達してしまうという事情があったりするのだ。

このように船橋市民にとっては切っても切り離せない「ららぽーとTOKYO－BAY」。休日は家族連れ、平日は近隣の学校に通う学生たちで溢れかえるため、施設内は常に活気が満ちている。JR京葉線海浜幕張駅（千葉県千葉市美浜区）の「イオンモール幕張新都心」のややお上品な客層と比較すると、「ららぽーとTOKYO－BAY」の客層はヤンキー臭が色濃く漂っているのだが、船橋市にあるという立地も手伝ってか、違和感はさほどなかったりする。しかも、競馬場が道を挟んだ向かいにあるというのも、いかにも船橋らしさにあふ

東葛・葛南エリアでも随一の人出を誇る船橋の繁華街。客層にはどこかヤンキー感が漂う

れている。ただ、ららぽーとを中心としたショッピングエリア周辺の大渋滞に悩まされるのは船橋市民あるあるで、人が増えすぎたことによる弊害が、この街でも頻繁に起こっている。

人気があり過ぎて暮らしやすさが損なわれてしまうとは何とも皮肉な話だが、住みたい街として全国に名の知れ渡った有名税のようなものかもしれない。

東京との同化が進行中？千葉の威信がもっとも薄い市川

もはや千葉都民でなく東京都民？

千葉県の西部に位置し、江戸川&旧江戸川を挟んで東京都と隣接する市川市。この街のアピールポイントは、とにかく東京に近いこと。実際、東京都に通勤や通学し、買い物やレジャーなどを含め、生活の中心が東京だという「千葉都民」がたくさん住んでいる街であることは、当事者である市川市民自身が認めるところである。

市川はまごうことなき千葉県の一部なのだが、市民の多くは「千葉ってなに？ここは東京でしょ」というオーラをまといながら生きており、生まれてこの方、自分が千葉県民であると意識したことがないという市民もいたりする。なぜなら、彼らはいわゆる千葉県民の暮らしというものを体験したことがないから比べようがないし、わざわざ知ろうとする必要もないからだ。根っからの千葉都民だからこそ、自分たちがそこらの千葉県民とは違うことを、ことさらに主張しようとはしない。彼らは、自分たちが東京都民となんら差のない存在であると自負していて、同じ東葛・葛南なんて比較対象にすらならないと思っている。対抗意識を燃やすなら、東京都内の区に対してであって、千葉方面なんてそもそも眼中にない。千葉であるとかないとかいう議論の余地がないくらい〝東京っぽさ〟に満ち溢れている街、それが市川市なのだ。

たまに幕張なんて行った日には「千葉くんだりまでよく来たなぁ〜」と、感慨にふけるというから、本当に東京都民の思考回路である。さらに、江戸川を挟んだ小岩や平井といった江戸川区と比べれば、「同じ東京」でも余裕で市川の方が上だと考えているらしく、「都民」としてのプライドも相当高い。確かに市川駅前のタワマンは億ションだというし、市川の千葉都民がやけに都会風を吹かせるのもわからないではない。

プライドが高いわりにビミョーな認知度

このように、都民気取りというより、もはや都民以上に気位の高そうな市川市民だが、「じゃあ市川ってどこがすごいの？」と聞かれても、スラっと答えが出る人は少ない。江戸川の花火大会は「市川市民納涼花火大会」と「江戸川区花火大会」の共同開催だから、市川市が名前を貸してやってるようなものだとドヤ顔で言う人もいるけど、そんな風に思っているのは市川市民だけ（しかもごく一部）。市外の大多数の人々にとって、市川は東京なのか千葉なのかはっきりしない、ぼんやりとした認識しかないエリアなのだ。

地方自治法に定める政令による中核市になる要件を満たすほど実力があるのに、何となくビミョーであるのはなぜか？　その大きな理由が、決して東京都にはなれないのに東京と同化が進み、決して脱却出来ないのに千葉の威信がもっとも薄れてきているから。要するに、どっちつかずで影が薄くなってきているように思えてならない。市川市にはあまり必要じゃなかったのかもしれないが、政令指定都市に向けた合併話も露と消えてしまったし、なかなか脚光を浴びる機会にも恵まれないというのが、市川市がビミョーである原因なのだ。

しかし、このビミョーさ加減は外から見た様子。市川市民からすれば、千葉県民も千葉都民も関係なく、もちろん、東京都民になろうとは思っていない。というか、彼らにしてみれば自分たちはすでに東京都民（のようなもの）であって、なろうと努力するものではないのだ。とにかく便利で住みやすい街が市川市であり、ちっともビミョーだなんて思っていない。どちらかといえば、新開発されたニュータウンが少ない市川だけに、居住年数が長い住民も多く、今の市川を守っていきたいという市川愛に溢れている人が多い。

まあ、いくら行政区画として線引きされているとはいえ、隣接する東京（少なくとも江戸川区）とは実質的に大差ないのだから、市川市民たちが千葉より東京に対して帰属意識を持つのは当然といえば当然である。変にこだわらず、東京らしさも千葉らしさもある街として、我が道を突き進めばいいんじゃなかろうか。

再開発ですっかり小綺麗になった市川駅周辺。今となっては飲み屋街だった時代を知る人も少ない

大金持ちも住んでいる市川だが、庶民的な人が大多数。タワマンがあっても嫌味じゃないんだよね

千葉なのにお高く止まる浦安と浦安市民の現在地

災難続きのマリナーゼたち

市区として全国でもナンバーワンの財政力指数を誇り、東京ディズニーリゾートと共に発展してきた県内きってのセレブシティ。それが浦安市だ。同じく海に面する船橋市、習志野市の場合、臨海ゾーンは港や工業地帯となっており、住民はさほど多くない。一方で浦安市の場合は、東京都と千葉市の境目に位置すること、JR京葉線に加え地下鉄東西線で都内へのアクセス路が確保されていること、そして臨海ゾーン自体が宅地用の埋立地で、人を住ませるために拡張されてきたことから、セレブ層が住む高級住宅エリアが誕生した。

浦安は「東京」をアピールしている街だが、そこで暮らす千葉都民は、東京都民からは「千葉の癖にお高く止まっている」、千葉県民からは「東京のふりして成金ぶる新参者」と、何も悪いことをしているわけではないのに悪意を持たれがち。とくに高層マンションに住むブルジョワの奥様は「マリナーゼ」なんて呼ばれてよくやり玉にあげられた。このマリナーゼとは、浦安市の新町地区・明海エリアにあるタワーマンション群・マリナイースト21などに住むセレブ層。近年では行徳など臨海の高級マンション住民であればマリナーゼを名乗ってもいいようだ。このエリアの住人である漫画家・ほしのゆみは、エッセイ漫画『奥さまはマリナーゼ』を出版し、この呼称を一般認知させるきっかけとなった。またかつて某街ネタ番組で浦安を特集した際には、マリナーゼについて「30代前半までのマダム」「年収は1千万円程度」などと定義されていた。世の奥様方の憧れの的だったマリナーゼだが、一帯が埋立地だけに「地震に弱いのでは」という弱点は、常に指摘され続けてきた。そして起こってしまったのが、例の東日本大震災である。関東地方では東北地方沿岸部ほどの被害は出なかったのだが、例外的に大被害が発生したのがこの浦安市。広範囲にわたって地面の液状化現象が発生し、アスファルトは割れ、家やマンションは傾き、ライフラインも断絶するという大災害となってしまった。

揺れ自体は震度5程度で、近年の免震構造で建てられた家屋は倒壊などもしていないのだが、肝心の地面が泥へと変わってしまい、上に建つ建築物はみなナナメに。そして被害は「家屋の傾き」程度で済んでしまったため、全壊どころか半壊にも至らない「一部損壊」扱いとされ、復興支援金も受け取れないという有様となった。傾きを直すためには家屋を破壊し地面を固め直す必要があるのだが、巨大マンションではそう簡単に取り壊すこともできない。そんなマンションを売りに出しても買い手が付くはずもなく、ローンを抱えたまま別のエリアへ引っ越さざるを得ないという状況も生み出した。野放図なネット上の住民からは、「マリナーゼはもうウレネーゼ」などと陰口まで叩かれた始末である。とはいえ、地価の下落が続いたのは2年ほどで、2014年からは徐々に回復していき、近年は大幅な上昇傾向が見られる。しかし、ホッとしたのもつかの間、今度は新型コロナの影響でTDLからの税収が減り、それが今後、浦安のブランド力にも影響を与えていくのではないかと目されている。

中心地を外れれば普通の住宅街もちらほら

セレブイメージがすっかり定着した浦安だが、当然ながら、全市民が成金というわけではない。高層マンションが乱立する新浦安駅に比べて、東西線の浦安駅はごく普通の住宅街で、江戸川沿いには低層アパートなどもある。いってしまえば貧乏人が住むようなエリアなのだが、こうしたアパートに数多く生息しているとされるのが、全国各地から集うTDLマニアたちだ。彼らは年間パスポートを購入して、仕事が終わってから毎日のようにディズニーに通っていたりする。決してリッチなわけではないが、「とにかくTDLの近くに住みたい！」という情熱だけで、わざわざ都心並みの家賃を払って浦安に住んでいるのだ。素人からすれば「そこまでするか」と呆れるほかないが、新型コロナの影響による閉園からの再開を涙ながらに喜んでいたTDLファンの様子を見るにつけ、それだけ好きになれるものがあるのも才能かな、なんて思ってしまう。

浦安のマリナーゼは今もって健在。超ド級のセレブではないが、ベイエリアでのリッチライフを謳歌している

習志野市民って地味じゃない？ビミョーな理由を探ってみた

聞いたことはあるけどどこにあったっけ？

習志野といえば車のナンバーにもなっているし、市名だけはそこそこ有名である。にもかかわらず習志野市自体についてはほとんどの人が何も知らない。例えば船橋なら「ヘルスセンター！」「今はＩＫＥＡだよね」「駅前がデカい」といったイメージがあるのだが、習志野市に関してはそうした漠然としたイメージすらわいてこない。エリア外の人間だけならばともかく、葛南の住民だって、習志野については「？」マークを浮かべてしまう。というのも、習志野市の他に、船橋市習志野とか習志野市袖ケ浦とかいう地名が存在しているせいで、どこからどこまでが習志野市なのかが、非常にわかりにくいせいなのだ。

そんな独立性の薄い地域に暮らしているもんだから、当の習志野市民たちも、「早く船橋市と合併しちゃえばいいのに」とか「習志野は船橋の属領」とか言うくらいに地元民としてのプライドが薄い。まあ、とくに誇れるアピールポイントがあるわけでもないし、習志野市民であることにこだわる理由自体がないんだろう。市内でもっとも人が集まる津田沼駅も船橋市側のほうが栄えているし、正面から張り合おうとしたって勝負にならない。だったら、長いものには巻かれてしまおうというわけだ。

習志野市民の自慢といえるものを強いて挙げるとするなら、津田沼駅前の複合商業施設、モリシア津田沼内にある「習志野文化ホール」がある。全国で初めて本格的なパイプオルガンを設置した公共ホールとして知られ、全国規模の音楽コンクールで上位入賞している市立習志野高校などの定期演奏会も行われている。地元民たちにとっては馴染み深い存在である一方、収容人数が中途半端なため興行には向かないという指摘もある。せっかく良い設備があるのだから、その存在を市外の人にも知ってもらいたいところだけど、会場の規模的に難しいようだ。

治安が悪そうなイメージは風評被害か？

また、習志野というと千葉県を舞台にしたヤンキー漫画『カメレオン』などの影響で不良の街というイメージがある。実際、ヤンキー全盛期には繁華街のある津田沼あたりに周辺一帯のワルが集結することもあったようだが、こうした現象は習志野に限らず当時の地方自治体ならどこでも見られたものだ。習志野がとりわけ治安の悪い地域であったということはなく、巨大暴走族が支部を置いていた市川や松戸に比べれば、まだマシな部類であったのではないだろうか。漫画での描かれ方や東葛・葛南全体の悪評に引っ張られて「習志野も危ない」というイメージだけが広がっていくという、いわば風評被害にあったと考えるのが正しそうだ。

ただ、習志野市民の民度に関することでは、最近になってひとつのニュースがあった。新型コロナの影響で千葉市・稲毛海浜公園が駐車場を閉鎖した際、付近の路上駐車が増えて問題になったのだが、その路駐した人々の中に習志野市の夫婦がいた。海浜公園の利用自体は認められていたのだが、彼らがメディ

県外の人間になると、津田沼という地名は知っていても、それが習志野市であることは知らない人が多い

アの取材に対して「止められる場所がなくて困る」などとのんきに答えたことが自粛警察の琴線に触れてプチ炎上した。自粛警察なんてどうだっていいのだが、モラルの低い人物がたまたま習志野市在住だったといえばそれまで。こうしたことがきっかけで市全体のイメージを損ねることもあるので、市民の皆様にはぜひとも注意してもらいたいところだ。

パルコ津田沼店などの商業施設が集中する津田沼駅前には若者の姿も多い。ただ、ちょっと背伸びしたファッションが田舎者っぽい？

津田沼駅南口を出てすぐに見える習志野文化ホール。合唱や吹奏楽などが盛んな習志野市だが、地元民以外はあんまり知らない

ついに人口20万人突破！だけど悩みも多い八千代市民

かつて陸の孤島と呼ばれた街

千葉県北西部の内陸に位置する八千代は、葛南の中で唯一、海に面していない市だ。成田街道の宿場町だった大和田などが合併してできたこの市は、日本初の大規模住宅団地が造成された場所としても知られ、早くから首都圏のベッドタウンとして発展してきた。しかし、交通インフラの整備は遅れていて、長らく市内には京成本線しかなく、陸の孤島と揶揄されることも多かった。そんな八千代にも、１９９６年には10年以上の歳月を経て念願の東葉高速鉄道が開通。脆弱な鉄道網の補完が行われ、利便性は大きく向上した。

葛南の中でもマイナー感のある八千代市だが、１９６７年１月の市制施行時には4万3000人ほどだった人口も、2020年8月には20万人を突破。一時期は団地住民の高齢化により人口増加はやや鈍化したものの、東葉高速鉄道の開通後は再び人が集まるようになっている。他の東葛・葛南の街と同様、住民の大部分を都心で働く「千葉都民」が占めているが、市内には内陸性の工業団地もあることから、そこに勤める人も一定数存在する。また、八千代では北部を中心に農業も盛んで、古くからこの地で暮らしてきた農民たちも多いようだ。

八千代市内で市街地を形成しているのは、八千代台駅、京成大和田駅、勝田台駅をはじめとした大きな駅の周辺と、国道16号・296号沿いのエリア。八千代の大規模団地の中には最寄り駅から遠い場所もあり、そのため八千代市の繁華街は駅前だけでなく、国道沿いにも存在している。八千代市民の生活スタイルは、駅前型住民と郊外型住民がミックスされた、ある種独特なものになっている。

「住宅団地発祥の地」とも呼ばれる八千代台団地を筆頭にベッドタウンとして発展してきた八千代には、第一世代や第二世代の千葉都民が生息している。

その子供たちは成人すると千葉県民のヤンキー気質を取り込み、成人式で暴徒と化したりする。特攻服に鉢巻き、リーゼント、色付の羽織という昭和のヤンキー漫画さながらの〝正装〟に身を包んだ彼らは、単車に2ケツ（もちろんノーヘル）、改造車なんて当たり前。しまいにはトラックまで持ち出してくるんだから、八千代の成人式は世紀末のマッドマックス状態だ。ただ、そうした一部のならず者たちによる暴走行為は、もはや八千代の風物詩のようで、周囲のまともそうな若者たちの中にも、スマホ片手に動画を撮りながら楽しんでいる人が多い。「オレの地元こんなにヤバいんだぜ」と、むしろ誇らしげな彼らこそ、地元愛に溢れた生粋の八千代市民なのかもしれない。

まだまだ八千代市民を苦しめる交通事情

田舎臭さが抜けないながらに、その暮らしを楽しんでいるように思える八千代市民だが、彼らにも悩みはある。そのひとつが、東葉高速鉄道の高すぎる運賃だ。八千代の交通アクセスを飛躍的に向上させた東葉高速鉄道だったが、工事に手間取り開業が遅れたせいで事業費が膨れ上がり、そのツケが高額運賃という形で利用者に降りかかることになってしまった。初乗りは210円で、始発駅と終点駅間は640円（ICカードは639円）、1カ月定期なら2万6890円と、首都圏内の私鉄・JRと比較してもトップクラスの高さ。八千代市民の中には、常軌を逸した値段設定だと、怒りを通り越して呆れている人すらいる。

じゃあ、鉄道よりも車のほうが便利なのかというと、そうでもない。千葉県をはじめ東京・埼玉・神奈川と首都圏を結ぶ国道16号は慢性的に渋滞が発生するし、交通量が多いわりに市内には片側1車線の道路ばかり。渋滞のピーク時に車を使うくらいなら、自転車や徒歩で出かけたほうがマシとさえいわれるほどだ。このような交通事情にまつわるイライラに耐えられない人は、八千代に住むのはやめておいた方がいい。まあ、そうした悩みを抱えているのは、ベッドタウンとしてそれなりに人気があることの証拠でもあるんだけどね。

日本初の大規模住宅団地発祥の地となった八千代。京成電鉄八千代台駅のロータリーには、やたらとデカい記念碑が置かれている

八千代市民にとって希望の新鉄道になるはずだった東葉高速線。でも、完成後は運賃が高すぎて逆に嫌われ者になってしまった

東葛・葛南コラム 3

新手の「○○都民」も誕生!?

「○○都民」といえば、本書でも再三にわたって言及している「千葉都民」のほかに、北は「埼玉都民」、南は「神奈川都民」と、東京に隣接するベッドタウンならばどこにでも生息している。ところが近年、驚くべき「○○都民」が出現した。それが「茨城都民」だ。東京には隣接していないとはいえ、茨城県も南部は一応、都心への通勤圏である。常磐線では上野東京ラインが開業し、品川までのアクセスが抜群によくなった。しかし、常磐線で都心に通う茨城県民を茨城都民とは呼ばない。主に茨城都民とは、つくばエクスプレス（以下：TX）沿線のつくばや守谷などに住み、東京へ通勤や通学している人たちのことを指す。

茨城県内で都内への通勤通学者比率がもっとも高いのは守谷。その割合は約23%（2015年）と市民の東京依存率は高い。実際、守谷という街では地元

であまり「だっぺ調」の訛りを聞かない。移住組の多い茨城県南部では標準語を話す人が多いようだ。また、東京で夢破れて茨城へ都落ちしてきた人の中には、田舎者扱いされないように、やたらと声高に茨城が首都圏であることを主張する人もいる。プライドの高い彼らとしては、訛りのキツい茨城県民たちと同じ扱いをされるのが我慢ならないらしい。
このように移住組と地元民の間で意識の差が生まれているあたり、茨城も立派な○○都民生息エリアといえるだろう。つくばの学園部も含めて茨城度がかなり低くなっていることを踏まえれば、茨城都民というより、「チバラキ都民」と言ったほうが正しいかもしれない。柏の葉や流山おおたかの森も同様、ＴＸ

沿線はニセ都民で溢れているのだ。

一方で、茨城から東京へ通う人の中には、そうしたつくばや守谷といった人気のエリアをあえて避けて、取手市あたりのちょっと寂れた街を選ぶ人もいる。準茨城都民ともいえる彼らは、手頃な不動産価格や常磐線の始発本数などに魅力を見出して移り住んでくるようだ。経済的に余裕はないが、小さな子供もいるから戸建てを買いたいといった家族向けには一定の需要があるらしい。当然、通勤時間はTXを利用するよりも長いわけだが、コロナ禍の影響でリモートワークが当たり前の世の中になっている今、東京へのアクセスの良さによって得られるアドバンテージは以前よりも減っている。ということは、相対的に千葉の奥地、あるいは茨城のような「東京からは遠いけど住みやすい街」の価値は上がっていくとも考えられるわけだ。このままリモートワークの環境が整備されていけば、いつか地方都市が東京のベッドタウンに下剋上する日が来るかもしれない。東葛・葛南も、いつまでも「東京のお隣さん」であることに胡坐をかいていないで、自立した都市としての魅力を磨いていかなきゃね。

第4章
東葛の劇的に変わる街と変わらない街

柏に追い付け！と威勢はいいが……松戸駅周辺再開発の惨状

歴史ある商業の街も今や買い物不毛地帯!?

松戸は、古くは「松戸宿」と呼ばれ、江戸川の舟運によって宿場町がつくられた歴史ある商都である。明治に入ってからは水戸街道に沿って市街地が形成されたというから、茨城県（というか水戸藩）の文化の影響を受けてきたエリアだが、多くの茨城県民が街中を闊歩しているチバラキの柏よりは、千葉色が強めの土地ではある。

東京から約20キロ圏内にあり、人口でいえば千葉市、船橋市に次ぐ県内第3位（最近は市川市に抜かれることもある）。大都市にしてその悩みは、イメージの悪さと、中心街の活気が薄れていることではないだろうか。市民からも「暗い」「汚い」「雑然としている」「治安が悪い」など散々ないわれようで、発砲事件、強盗、暴行、放火など松戸発の凶悪事件が報道されることも少なくない（事件の件数自体が突出して多いわけではないんだけどね）。そんなこともあって、「マッドシティ」というありがたくない二つ名で呼ばれてしまうのだ。

松戸の雑然としたイメージの原因のひとつは、松戸駅周辺に放置自転車が多いことではないだろうか。さすがに見映えが悪いし、スマートで活気のある商業エリアという雰囲気になるはずもない。

もちろん見た目以外の問題もある（こっちの方が重要）。伝統ある商都にして、「買い物や食事をしたいと思う店が少ない」と、多くの地元民にいわれてしまう体たらくだ。「やさシティ、まつど。」というキャッチフレーズで、暮らしやすさをアピールしようとしているものの、いかんせん中身が伴っていないのだ。

松戸駅周辺再開発で商業地再生を目指す

というわけで松戸市は、こうしたさまざまな課題を解決しようと、中心地である松戸駅周辺地区の再開発計画を練った。その対象となった範囲は、松戸市役所から江戸川、坂川、戸定邸（水戸藩最後の藩主・徳川昭武が建てた現存する唯一の明治時代の徳川家の住まい）を結ぶエリア。江戸川を挟んだ目と鼻の先は、埼玉県と東京都である。

２０１５年につくられた「まちづくり基本構想」では、松戸駅東口側に焦点が当てられている。開発が遅れている相模台の官舎跡地や法務省跡地を含めたエリアに、新たな松戸の顔となるような拠点（新拠点ゾーン）を整備し、既存の大型商業施設を回遊できるよう商業・業務ゾーンを設け、その周囲を都心居住ゾーンとして整備するという計画である。

新拠点ゾーンには、老朽化した市庁舎の移転のほか、市内に少ない文化施設と、子育て・教育施設を含む商業複合施設の整備が計画されている。また、松戸駅から歩行者がアクセスしやすくすると同時に、北部（柏方面）から車でアクセスしやすいよう道路の改善・整備も目指すという。柏からの人の流れも見込んでいるあたり、なんとなく柏への対向意識もにじんで見える。また、矢切の渡しから新拠点ゾーンを結ぶ水陸両用バスの運行計画などもあって、東京方面から松戸へのアクセス向上を図るという。

しかもこの計画、「水と緑の空間」の充実を目指しているそうだ。松戸が「カオスな街」から「クリーンな街」へ、イメージの転換を狙っているのは明らかだ。

さらにこの再開発計画をよく見てみると、松戸が都市として遅れていた点もわかる。というのも、駅周辺の再開発には松戸駅、松戸駅前、バスターミナルのバリアフリー化が盛り込まれている。つまり裏を返せば、今までバリアフリー化されていなかったということ。今や歴史建造物である城でさえ、エレベーターをつけろだのバリアフリー化しろだの叫ばれる時代である。松戸は時世の流れをつかんでこなかったといえる。そんな街が「やさシティ」なんてキャッチフレーズをつけているのはちゃんちゃらおかしいが、これってある意味将来への「所信表明」なのかもね。

ただそのわりにせっかくの再開発計画の全貌が、ちょっと朧気過ぎやしないだろうか。新拠点ゾーンの予定地はフェンスが巡らせてあるものの、「新拠点ゾーン建設予定地」などのような明確な表示もない。「やさシティ」であれば、もうちょっと看板や表示などにも力を入れ、多くの市民がわかるよう、ＰＲ（可視化）したほうがいいと思う。

ちなみにこの松戸駅周辺地区のまちづくり計画は、「まちづくり月間全国的行事実行委員会」及び「（公財）都市づくりパブリックデザインセンター」が主催（国土交通省後援）する「まちの活性化・都市デザイン競技」の第20回（2017年度）の対象地区となっている。松戸市のまちづくり構想を踏まえた上で、人の回遊性・滞留性をつくること、新たな町の魅力の創生、賑わいと風格を両立するランドスケープデザインやアイデアを募集、全国から37作品の応募があったそうだ。こうしたヨソ者の視点を取り入れることは大事だが、これすなわち松戸内部ですでにまちづくりのアイデアが枯渇、あるいは限界点に達していたとも推測できるのだが……。

伊勢丹の撤退で駅前再開発に暗雲？

と、それなりの歳月をかけて練ってきた松戸駅前再開発計画だが、残念な出来事もあった。市内の大規模商業施設で中心的な存在だった伊勢丹松戸店の閉店だ。43年にわたって松戸駅西口で営業を続けてきたが、2018年3月に店を閉じた。閉店の理由は、2017年に大規模なリニューアルをしたのに効果があまりなく、赤字が続いたためだという。そもそも伊勢丹に魅力がなかったのかもしれないが、松戸の中心市街地が商業地として活気を失っているのは確かであろう。しかもこの伊勢丹の閉店で、松戸市内から「百貨店」が姿を消すことになった。

その伊勢丹松戸店だが、何とか営業を続けようと、ギリギリまで市と話し合いを続けていた。伊勢丹は、店舗の一部を公共施設として利用してもらい、賃貸収入で赤字補填することを考えたという。市も4階の約6割を借りてパスポートセンターなどの入居を市議会に提案したが、全会一致で否決され、ついに閉店が決まった。結果的に市議会が伊勢丹の撤退を決定づけたわけだ。百貨店は時代遅れといわれるようになったけれど、伊勢丹は市街地のシンボルのひとつでもあり、それ相応のブランド力はまだ持っている。つまり、松戸市はおのれの手で街のブランドイメージの低下を招いたといえるだろう。

伊勢丹松戸店が入っていたビルは、地下2階・地上11階の店舗棟と、地下3

階・地上20階の事務所棟からなっている。伊勢丹跡地となる店舗棟は、大型商業施設として再開発されることが決定し、伊勢丹の閉店から約1年後にあたる2019年4月に「KITEMITEMATSUDO（キテミテマツド）」というショッピングセンターとして、リニューアルオープンした。

だがこの再開発、正直うまくいっているとはお世辞にもいえない。開店直後の4月にオープンできたのは、核となる食品スーパーが入る地下1階、そして1階のほかに、伊勢丹時代に計画されたパスポートセンターなどが入る9階。フードコートやルーフトップレストランなどを含め、トータルでテナントは50店舗を予定しているが、2019年1月時点で契約が済んでいたのは、6割ほどだったという。「新しい松戸のランドマーク」を目指しているというが、「キテミテマツド」って……「マツモトキヨシ」といい、こうしたネーミングが松戸の好みなんだろうか。市民は「マツキヨ」ならぬ「キテマツ」とでもいうのだろうか？　何だかダサくない？

で、そのキテマツの現状だが、市街地のにぎわいの中心になっているとはいいがたいものの、地下のスーパーは、松戸駅周辺の中では一番にぎわっているのだそう。つまり、客になってくれる人（商圏人口）はやはり多いわけで、結局のところキテマツのような駅前商業施設が流行るポイントは、魅力あるテナントが入るかどうかなのである。

だがテナント問題をクリアしても、残念なのは周辺環境だ。キテマツの建物の見てくれはファッショナブルだが、そこに至るまでのアプローチがオシャレとはかけ離れている。松戸駅からキテマツを結ぶ道（伊勢丹が撤退したものの、通りの名前は未だに伊勢丹通りだったりする）は、一応、松戸駅周辺のメインの商店街になっているが、飲食店などが雑然と脈絡なく並んでいて、明るくオシャレな感じがしないのだ。そもそも駅を出てすぐに目に入ってくるのがパチンコ屋や雀荘である。オシャレにショッピングを楽しむエリアとはとても思えないのだ。

駅の近くには高砂通り商店街もあるが、こちらはシャッター店舗が目を引き、残っているのはほとんどが飲み屋といった印象。ホントは周辺も含めてドラスティックなまちづくりができればよかったのだろうが……。ここは逆に「キテマツのオシャレさが目立つからいいのだ！」と、プラス思考を持ったほうがいいかもね。

民間企業が手がけるまちづくりプロジェクト

「役所だけにまちづくりは任せられない！」と思う住民が松戸市には案外多いのか、実は民間企業が主役の松戸駅周辺の再開発計画は、キテマツだけにとどまらない。そのひとつが「人」によるまちづくりをうたっている「ＭＡＤＣｉｔｙプロジェクト」だ。

宿場町として栄えた松戸には、訪れた文人や画人が宿泊料代わりに残した作品が残っているという。それをヒントに、同プロジェクトでは、現在の松戸を人が行き交うトランジットポイントとすべく、まちづくりを盛り上げようと松戸に来た人には、自由にリノベーションできる物件を賃貸したり、さまざまな活動の拠点となる施設を運営している。かつての文人・画人の例を踏まえ、とくにアーティストやクリエーターを支援する活動が多く、４００坪の敷地に松戸宿の面影を色濃く残す築１００年越えの古民家など5軒が建つスタジオ（アーティストやクリエーターの製作の場や店舗としても活用）や、世界から松戸を訪れるアーティストのためにレジデンスまである。これらの施設に集ったアーティストたちの活動によって、松戸が文化的なマッドシティに進化できるのだろうか。まあ将来的に、「松戸に行けば何か面白いことができる」と世のクリエイターたちにアピールできれば、成功といえそうだが……。

待望の高速道路開通！　東京外環自動車道

さて、試行錯誤する松戸のまちづくりだが、市街地への人の流れをつくる上で明るい話題もなくはない。

千葉県は、首都高湾岸線からつながる東関東自動車道（湾岸市川ＩＣ～潮来ＩＣ）、東京湾を横断する東京湾アクアライン、館山自動車道（東京から館山を結ぶ計画で富津中央ＩＣまで開通）、千葉東金道路（千葉東ＩＣ～東金ＩＣ）、一般有料道路の京葉道路（東京都江戸川区一之江から千葉市中央区浜野町）など、自動車専用道路や高速道路網が比較的充実している。柏には常磐自動車道が通っているが、東京に隣接する松戸市には高速道路のＩＣはなかった。それが２０１８年６月、東京外環自動車道の三郷南ＩＣ（埼玉県三郷市、常磐自動車道と接続）〜高谷ＪＣＴ（市川市、東関東自動車道・首都高速湾岸線に接続）区間が開通し、念願の高速道路のＩＣが誕生した。まあちょっと残念なのは、このＩＣが埼玉〜千葉は入口、千葉〜埼玉は出口というハーフＩＣということだが。

で、この期待要素が何かといえば、松戸ＩＣから乗ってすぐの左側に見える分岐スペースだ。ここが成田方面まで結ぶ国道４６４号北千葉道路と接続するＪＣＴとなる予定なのだ。北千葉道路は計画延長約43キロ、現在は 鎌ケ谷市から印西市間の約19・７キロが４車線、または８車線道路として開通している。印西市から成田市間の約13・５キロについても、国と県が整備を進めている。問題は市川市から鎌ケ谷市間の約９キロで、まだ事業化のめどが立っておらず、松戸などの沿線市、県、国で検討を進めている。このルートが将来的に開通すれば、成田に降り立った海外旅行者の滞在先のひとつに、松戸駅周辺がなる可能性もある。

※　※　※

とまあ、ここまでが２０１９年半ばまでの松戸駅周辺の状況だった。その後の展開はというと、２０２０年2月からは松戸駅の改良工事が開始されている。もともと松戸駅ではバリアフリー化に向けた工事が進んでいたが、今回の改良工事はそれとは別に、さらなる利便性の向上を目指して行われるものだ。計画には、東西通路の拡幅や改札内コンコースの拡張、入口専用・出口専用に分かれている中央改札の統合のほか、６階建ての新駅ビル建設が盛り込まれている。完成時期としては、東西通路の拡幅が２０２６年春ごろ、新駅ビルの開業が２０２７年春ごろの見込み。まだまだ先の話にはなるが、これが実現すれば松戸駅のイメージは大きく変わるだろう。また、２０２０年3月には西口ペデストリアンデッキの増床工事が完了し、吹き抜け箇所の一部が埋められてスペースが広くなった。徐々にではあるが、未来へ向けてその姿を変えつつある松戸駅。果たして、ここから松戸の逆襲劇が始まるのだろうか？　今後の動向に注目だ。

松戸駅東口のイトーヨーカドーの裏にある官舎跡地。ここも「新拠点ゾーン」に位置付けられた開発候補地のひとつだ

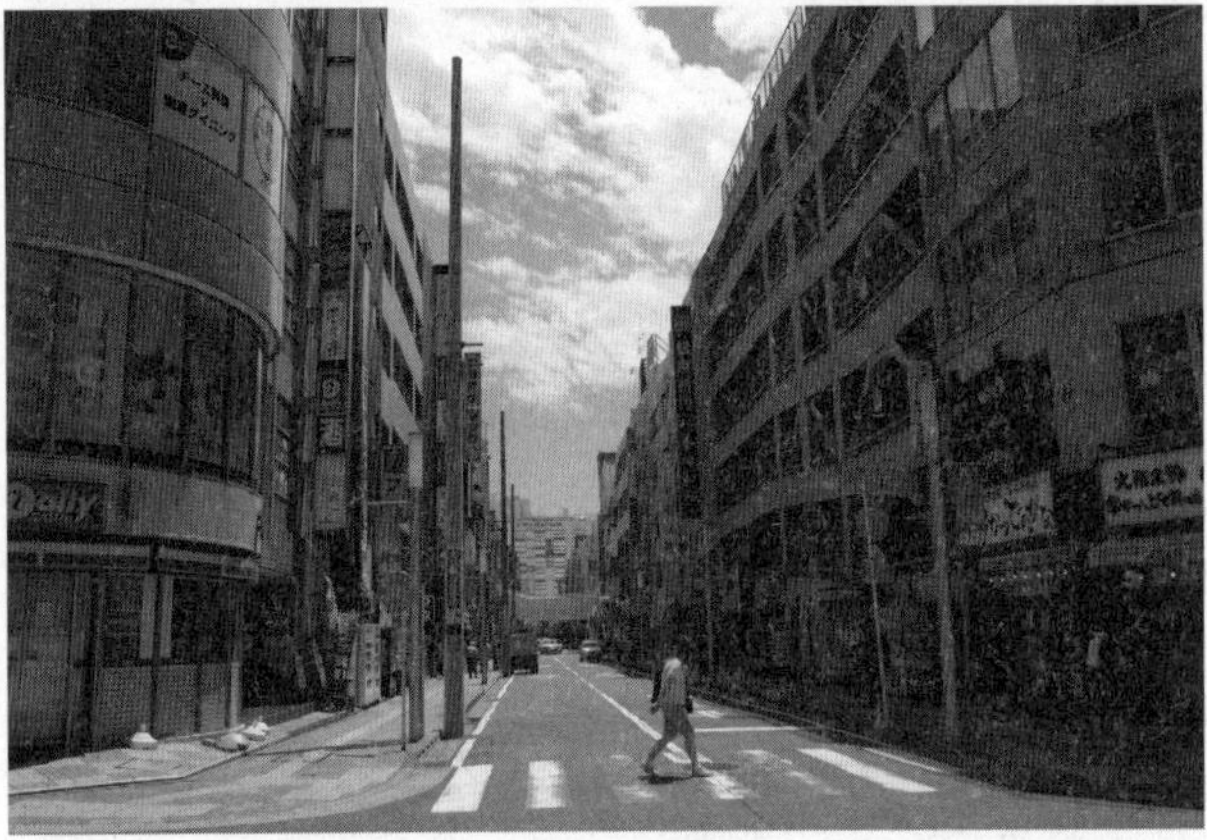

どこにでもありそうな松戸の商店街。気兼ねしない雰囲気なのはいいけど、もう少し個性があってもいいかも

汚い街からキレイな街へ新松戸のビフォーアフター

朝のラッシュ時はすさまじい人だかり

松戸市の中でもアクセスに恵まれているのが新松戸だ。常磐線（各駅停車）と武蔵野線はもちろんだが、新松戸駅から3分ほど歩けば、流鉄流山線の幸谷駅もある。

常磐線で上野駅までは40分弱、武蔵野線で東京駅までが45分程度と、いずれにしても都心に出やすい。ただしアクセスが良い分、ラッシュ時の混み方も別の意味ですさまじい。通勤・通学が集中する時間帯の車内の圧迫度はちょっと尋常じゃなく、体力のある学生でも乗るのに二の足を踏みたくなるほど。最近はあまり話題に上がらなくなってしまったが、常磐線快速の新松戸駅停車を望む声は昔から多かったのだ。

一方、地元以外ではあまり知られていない流鉄流山線は、馬橋と流山をつなぐ、5・7キロほどのローカル線。大正期から営業運転している歴史ある鉄道だが、いまだ紙の切符を使っていて、自動改札ではなく駅員さんが切符をチェックするというレトロ感がいい味を出している。古くからの住民が多い路線だからか、乗客の雰囲気も同じ流山を通るTXあたりとはひと味もふた味も違う。スーパーのレジ袋を持った渋めのおっさんや派手目のおばさんも多い。

流鉄流山線は2両編成とコンパクトだが、ダイヤは1時間に3～4本。ローカルの割には過密(?)ダイヤで、地元民にとっては大切な足となっている。そんな流鉄流山線は、関東運輸局長から44年間の無事故表彰を授かっている。そもそもスピードがあまり出ないので、その分安全ともいえるんだけどね。

大学の誘致で若者が多い街に

冒頭でついつい鉄道の話が長くなってしまったが、新松戸の街は、1973

年に武蔵野線の新松戸駅がつくられるのに合わせて行われた、大規模な土地区画整理事業によって生まれた。「新」という字がつくだけあって、松戸市内では比較的新しい街である。

その新松戸に新たなランドマークが誕生したのは、2004年のこと。新松戸駅の近くに流通経済大学の新松戸キャンパスが開設されたのだ。

1965年に創設された流通経済大学のキャンパスは、元々あった龍ケ崎キャンパス（茨城県龍ケ崎市）と新松戸キャンパスのふたつがあるが、学生が入学時に自分の好きなキャンパスを選んで学べる「キャンパス選択制」を取っている（一部の学部・学科を除く）。

松戸には外国人が多い印象もあるが、その背景のひとつに中国、台湾、韓国、アメリカ、フランス、ポルトガルの大学と学術交流協定を結んでいる同大学の存在もある。2018年には、流通情報学部流通情報学科や社会学部国際観光学科（キャンパスは新松戸になる）を中心に、300人を超える留学生を受け入れている。

新松戸には学生向けのマンションなども多く作られていて、新松戸駅前では高齢者よりも若者（国内外）をよく見かける。大学の存在は、街の活気に好影響を与えているようにも感じられる。

開発進む駅の西側と取り残された東側

そんな街に活気がある新松戸だが、駅の西側と東側では雰囲気が全然違う。新松戸の街に「雑然」「猥雑」「なんとなく汚い」といった印象をまとわせているのは、栄えている西側。今も昔ながらの店や雑居ビルも多く、およそカタギには見えない方たちや、昼間から飲んだくれているオヤジを見かける。対して東側には駅の改札もなければ、駅前広場やバス乗り場もない。何しろ、西側にある改札を出て、駅前を少し右に進んで右折し、地下道で線路をくぐらないと東側には出られない。その先に広がっているのは、のどかな畑と戸建て住宅。一昔前の郊外の住宅地って感じだ。

そしてこの駅東側には、新松戸のイメージを一新させるかもしれない開発計画がある。ただし地元の人にもあまり知られていないようで、取材時に話を聞いても、皆チンプンカンプンだった。

まあこの区画整理事業、知られていないのも仕方ない。何しろ計画が持ち上がったのは今から40数年前。駅西側の区画整理事業と同時期で、その後、事業は凍結されていたという。40数年もの間、後回しにされてきたわけだ。ただここに来て、区画整理事業についての話し合いが再開し、ようやく進展を見せるかと思ったのも束の間、２０１８年に松戸市の提案は、地権者の同意が十分ではないことを理由に継続審議になった。２０１９年３月にようやく採択されたものの、この事業はそう簡単に進展しなさそうだ。問題のひとつは、区画整理事業の方法にある。大々的な開発をしたくても金のない松戸市がやろうとしているのは、「立体換地」という地権者に負担がかかる方法。それならやらなくてもいい、やりたくないという地権者もいるそうだ。

そもそも駅東側の区画整理事業は、全員が賛成している案件というわけではない。住民が念願とする常磐線快速の停車を餌に、地権者の同意もないのに進めようとしていたと、市のやり方に反発を覚える人もいる。

この計画に限らないが、何かを計画→反対で頓挫→見直しというパターンが松戸市の事業には多い。見切り発車で始めて無駄金を使うというパターンは、もういい加減やめるべきだろう。

新松戸にはなかった大型商業施設が誕生！

さて、これまで新松戸駅周辺エリアには、食品を扱うスーパーや大型スーパーなどはあるものの、目立った商業施設といえるのは、お隣の北小金駅にあるイオンぐらいだった。家電量販店も車で10分ほど走った国道6号線沿いにしかない。これはこれで不便ではないが、住民にすれば地元での買い物の選択肢はもっと増えてくれたほうがうれしい。

そうした状況下、2019年秋に開業したのが「テラスモール松戸」だ。敷地面積は約4万9000平方メートル（東京ドームを上回る）で、出店しているテナント数は約180店舗と、周辺エリアのショッピングセンターとしては最大級の規模を誇る。もちろんこれだけの規模の商業施設なので、市外からの集客も目指し、2000台を収容できる駐車場も備えている。

核となるテナントはユニクロ、ロフト、無印良品、アカチャンホンポなどで、ファミリー層をメインターゲットとしている感じ（こうした商業施設はどこもそうだけどね）。総合フィットネスクラブやシネマコンプレックスといった施設も出店するほか、オープンテラスの飲食店が軒を連ねるレストランストリートや、地元にキャンパスを持つ大学と共同で開発したキッズスペースなども設けられている。周遊性を重視した多角型サーキットモール（吹き抜けを取り囲むように店舗が並ぶモール）になっているのが特徴だ。

ところで、イオンやららぽーとには馴染みがあっても、テラスモールは知らないという人も多いことだろう。テラスモールは、住友グループが手掛ける商業施設で、第１号のテラスモール湘南（辻堂に２０１１年開業）は、２０１５年に日本ＳＣ大賞・金賞を受賞しており、現在も湘南エリアの人気スポットとなっている。イオンやららぽばかりの周辺民にすれば、新鮮味が感じられるコンテンツとなりそうだ。

ただ、あまり期待をかけすぎるのもどうかという気もする。というのもこのエリア、北部市場時代からアクセス面での問題がたびたび指摘されているのだ。

近隣道路には、通勤時間帯や週末に渋滞が発生しており、オープン後はさらなる渋滞の悪化が懸念されている。現在、新松戸駅からのバスは1時間に2～3本。ただ、駅からテラスモール直通の急行バスも運行されていて、休日には増便されるので、自家用車がなくても利用しやすくはある。

武蔵野線沿線にはイオンレイクタウン（越谷レイクタウン駅直結）、ららぽーと新三郷（新三郷駅西口直結）といった立地に恵まれたライバルもある。そんな人気他店としのぎを削る新手のライバルとして、地元でしっかりとしたポジションを築いてほしいところではある。

まあ、魅力的な大型商業施設に乏しかった松戸のいわば「最終兵器」なのだから、周辺整備も含め、それ相応の対応を市もしてくるだろう。

※　※　※

と、ここまでが2019年に新松戸を取材した際の話。その後の動向を探ってみたところ、テラスモール松戸の開業後の評判はおおむね上々で、家族で遊べるショッピングセンターとして人気を博しているようだ。案の定、周辺では大渋滞が発生しているようだが、現在、付近の道路の拡幅工事を行っているとのことなので、それが完了すれば渋滞も多少は解消されるだろう。テラスモール松戸は今後も、松戸市に活気を与えてくれるはずだ。

一方、新松戸駅東側の区画整理事業のほうにも動きがあり、２０１９年８月には千葉県知事の許可が下りて、ようやく本格的に事業に着手することが決定した。しかし、懸念となっていた一部地権者の同意が得られたわけではなく、再開発事業に反対する住民たちからは「市は勝手に開発を強行しようとしている！」といった非難の声も上がっている。区画整理のために土地を提供した地権者には、その資産価値に応じて新築マンションの部屋などが分配される予定だが、再開発後の地価上昇はあくまで市の試算によるもので、それが地権者にとって十分な補償となるかどうかはわからないとのこと。反対住民側は市に対して正確な情報の開示を請求しているが、行政の対応は遅々として進んでいないと主張し、事態は混迷の一途をたどっている。新松戸駅周辺開発の是非については、今後も二転三転する可能性がある。

新松戸駅の東側に広がる住宅地と畑。土地区画整理の対象になるエリアだが、住民からは反対意見も多い

新松戸駅からは少し離れた場所にあるテラスモール松戸。わざわざ市外から行くほどではないが、地元民向けとしては十分な規模

まだまだ空き地だらけでも東松戸のポテンシャルは益々上がる

鉄道路線は多いが遅い開発スピード

松戸市民から、「比較的高級住宅地」という印象を持たれているのが、東部地区の中心的存在の東松戸エリアだ。駅前にマンションや商業施設が並ぶ東松戸エリアは、北総鉄道、ＪＲ、京成電鉄の３つの路線が通っている鉄道でのアクセスが良い街だが、開発が進んだのは比較的最近のことである。

北総開発鉄道（現・北総鉄道）北総線が全線開通し、東松戸駅ができたのは１９９１年。それから遅れること７年、１９９８年に利用者からの要望を受け、武蔵野線の東松戸駅が開業した。そして、２０１０年には京成電鉄・成田スカイアクセス線アクセス特急が東松戸駅に停車するようになった。つまり、東松戸エリアは鉄道が通るようになってから、まだ20年足らずしか経っていないのだ。

ところで、北総線とJRの駅名の仮称は、当時の地名からとった「紙敷」だった。その後の経緯は定かではないが、「東松戸駅」となったため、当初は地名と駅名が一致していなかった。その後、2012年に駅とその周辺の地名が紙敷から東松戸に変更され、ようやく駅名と地名が一致することとなった。

東松戸駅からは、武蔵野線を使えば乗り換えなしで東京駅まで約40分ほどで行ける。京成電鉄・都営地下鉄浅草線・京浜急行と相互直通運転している北総線なら、浅草、日本橋、新橋といった都心へも乗り換えなしで行ける。また、千葉県の中心のひとつ、船橋駅なら15分程度と近い。さらに駅前からは、松戸駅や市川駅行きのバスも出ている。交通の便が、松戸市の中でもとくに良いとされるのもよくわかる充実ぶりだ。都心へのアクセス面の問題は、かの悪名高い北総線のバカ高運賃だけではなかろうか。

松戸市内の各駅では、駅の東側か西側の片方だけが栄えていて、反対側は開発が進んでいないケースが多い。東松戸駅は新しく開発された街だからか、西口側も東口側もそれなりに（そこそこレベルだが）開けている。

西口にはスーパーやドラッグストア、東口の高架下には深夜まで営業しているスーパーがある。駅周辺だけでスーパーが３店舗あるから、日常の買い物には不自由しないが、ショッピングセンターのような大規模商業施設は今のところない。大きな買い物は武蔵野線で埼玉（三郷）方面に出る人が多いと聞いた。加えて、外食できるような店も少ない。どこかで見たことのあるチェーン店ばかりというのも寂しく、新しい街で歴史もないからそれも仕方ないか。

ただ何かと便利な東松戸だが、ネックのひとつは大きな総合病院が徒歩圏内にないことだろう。小さなクリニックはあって、かかりつけをつくれる良さはあるが、それだけでは不安もある。一方、幼稚園・保育園は比較的多い。これはファミリー層には大きなメリットだろう。駅前には新しくできた低層〜中層を中心としたマンションが建ち並んでいるが、家賃相場が安いのもいい。

まだ東松戸の開発は始まったばかりで、ちょっと駅から離れると、一戸建ての住宅が増え、閑静な住宅街といった雰囲気となる。空き地もかなり見られるし、コンクリートを打っただけの駐車場もかなりある。15分ぐらい駅から歩くと、自然が多く残り、畑も増えていく。トータルして見ると、まだまだのどかな田舎町といった風情だ。これは裏を返せば、開発の余地がまだまだ残っているともいえる。それに坂の多い松戸には珍しく、起伏が少ないのも開発地としてはうってつけなのだ。

そしてもうひとつ、東松戸の高いポテンシャルを感じさせるのが、犯罪が少なくて治安が良い点だ。駅から離れると暗い道も多いので油断は禁物だが、マッドシティなんて異名を持つ松戸で、日ごろから安心して暮らせる環境を備えているのは心強い。

とはいえ、住環境を重視する新住民の視点でいうと、いつまでたっても空き地が残ったままで、開発スピードの遅さが目につくようだ。どうせならTX沿線のような、しっかりとした都市計画に根差したベッドタウンのようにしてほしい、という声もあるようで、塩漬けにされている駅周辺の空き地の存在がもどかしいという。

また、せっかく成田スカイアクセス線が東松戸駅に停車するようになり、キャリーバッグを持った人を見かけることが増えたのだから、ホテルを誘致して観光面の強化を図るべきという声もある。松戸市ではホテル誘致を進めているようだが、まだはっきりした成果は出ていない。「すぐやる課」を持つ松戸市にしては、動きが鈍いような気がしないでもないが、ホテル誘致で外国人が増えれば、治安面の不安が増すという意見もあることは付け加えておこう。

ふたつの公園が住民の憩いの場

東松戸は新しく開発されたキレイな街だからか、松戸市の中でもとくに子供の姿を多く見かける。よく教育も行き届いていて、取材時には幼稚園か保育園帰りっぽい子供たちから挨拶の声をかけられた。殺伐とした都会生活では、挨拶というコミュニケーションが希薄になっているが、挨拶や礼儀を大事にしている地域社会に触れると、何とも清々しい気分になる。

そんな東松戸の自慢ともいえるのが、住民が愛するふたつの公園だ。ひとつが「東松戸ゆいの花公園」、もうひとつが「東松戸中央公園」。どちらも東松戸駅から徒歩圏にある。

東松戸ゆいの花公園は2007年にオープンした植物園。季節ごとにさまざまな花が見られるのが魅力だが、そのために一役買っているのが地元住民のボランティア。手をかけている分、愛着を持つ住民も多いのだろう。彼らにとっての公園は、レジャーシートを敷いてランチを楽しんだり、子供と花を眺めたりするくつろぎの場となっている。一方の東松戸中央公園は、広い敷地の一角に遊具などが置かれた、いわば王道の公園。一般の滑り台の半分ぐらいの角度のゆる〜い滑り台もあり、幼児も安心して遊べるつくりとなっている。

東松戸駅近くのふたつの公園は、子育て中の住民にすれば、子連れで楽しめる貴重なお出かけスポットとなっている。そしてこうした施設がそばにあることも、東松戸という街のブランド化に一役買っている。

有意義な施設なのに建設計画が進まない

さらに東松戸では、東松戸駅から徒歩5分のところにある市有地（面積は約

２９００平方メートル）に、図書館などを整備する計画がある。だがこの計画は2転3転していて、なかなか進んでいないという。

一時は、図書館、行政サービススペース、小中高生用のフリースペース／学習スペース（仮称・こども夢ステーション）を持つ公共施設をつくり、任意提案の民間施設も整備するという、公募型プロポーザル方式による公民連携事業（わかりやすくいえば、市のお金をあまり使わずに、ハコモノをつくる）とする方向で、民間事業者を公募していた。そして、応募した業者から、整備する民間施設をサービス付き高齢者向け住宅とカフェにするほか、施設整備についての提案も受けていた。

ところがこの計画は、２０１８年度に計画見直しとなった。「手法の見直しを含めた事業の再構築を行う」というから、図書館などの整備については、ゼロからの出直しになりそうだ。

こんなドタバタ騒ぎが起こるのは、市に財政上の問題があるからに他ならない。でもファミリーや子供の多い東松戸の特徴からいえば、図書館やこども夢ステーションはあってしかるべき施設のように思うのだが。それが完成するのはかなり先とは……せっかく注目株の街なのに、市はその価値を自ら落としめているこことをわかっていないのだろうか？

今後の30年間で東部地区は人口倍増？

東松戸は松戸市東部地区のひとつ。同じ東部地区には、北総線沿線に関台、秋山などの街がある。北総線は北総鉄道が運行する鉄道で、京成高砂（東京都葛飾区）と印旛日本医大（千葉県印西市）を結び、14の駅を持つ（京成高砂駅は北総線の駅としてはカウントしない）。北総線自体はローカル路線だが、複数の路線と相互直通運転していて、東京都心や横浜方面へも乗り換えなしでいける。

北総線には各駅停車・急行・特急・アクセス特急の4つの電車があるが、一番速いアクセス特急が止まるのは、京成高砂、東松戸、新鎌ヶ谷、千葉ニュータウン中央、印旛日本医大の5駅だけだ。松戸市内の北総線の駅は、矢切、秋山、東松戸、松飛台の4つがあるが、矢切駅は各駅停車と急行、秋山駅と松飛台駅は各駅停車しか止まらない。そんな東松戸以外の北総線の駅の中で、今後の発展が期待されているのは、アクセス面で若干恵まれていないと思われる秋山駅と松飛台駅だ。

秋山は、五穀豊穣と悪霊退散を祈る行事の「松戸の獅子舞」があることで知られる。高度経済成長期の松戸の象徴のひとつ、梨香台団地の最寄り駅もここだ。北総線の駅ができたのは割と最近だが、古くからそれなりに栄えていた伝統のある地域なのだ。

秋山駅ができて以降、駅周辺にはマンションが乱立した。その周辺には小中学校もあり、駅前ロータリーにはいくつもの幼稚園の送迎バスも乗り入れるなど、子育て向きの環境が整えられている。ただし、駅前には商店街もなく、車がないと生活は不便だ。駅近くに深夜まで営業しているスーパーなどがあれば理想的なのだが。

一方、武蔵野線の新八柱駅、新京成線の八柱駅に近いのが松飛台だ（駅舎は隣の市川市との境界上にある）。松飛台駅の周辺は、マンションも建っているが閑静な一戸建ての住宅街で、かなり立派な邸宅もあり、「高級住宅街」の雰囲気も漂わせている。環境的には、東松戸中央公園や市川市動植物園が近く、自然にも恵まれ、クリニックや学校など、子育てに必要な施設は一通り揃っている。一方で秋山と同じく、買い物ができる店が少なく、閉店も比較的早いという難点もある。

また、松飛台には松戸市の世界的企業、マブチモーター本社がある。さらに松飛台工業団地もあり、多くの工場が立地しているので、職住近接が実現できるエリアでもある。

これら東部地区は、将来的に人口流入が大いに期待できるエリアで、２０１７年３月に公表された「松戸市公共施設等総合管理計画」の中の「地区別年齢別人口の推計」によると、２０５０年には人口が倍増すると予測されている。それも年少人口、生産年齢人口が倍増する（ただし、老年人口も3倍以上に増加する見込み）というのだ。松戸市内の他のエリアでは、人口は減少する予測だというから（とくに小金原地区、六実地区、新松戸地区では人口が半減！）、当地の将来性の高さがわかる。

しかし、実際に人口を増やすためには宅地開発などが不可欠なのである。今後、松戸市東部地区の開発はどう進められていくのだろうか？　実をいえばいつ開発計画が進展するのか、まったく不透明である。松戸市は6つの大規模開発事業に優先順位をつけているが、松戸市東部の開発はこの中に含まれていないのだ。

松戸市には、有望株の地区だから放っておいても大丈夫という余裕があるからだろうか？　でも大事なのは機を見るに敏な感覚。後回しにしているうちに、全部が地盤沈下なんてことにならなきゃいいけど。

松戸市の東部民には、街に閑静さを求める人も少なくないという。「ファミレスぐらいはあってもいい」と、ほどほどに便利を求めても、便利になりすぎて治安が悪くなったり、雰囲気が悪くなったりすることを望んでいないのだ。開発を遅らせるからには、予算優先のつじつま合わせではなく、このエリアに相応しい「ほどよく」「そこそこ」のラインをきちんと見極めるべきだろう。そしてその中で住民が便利に暮らせるよう、公共施設の配置などについては、きちんと考える必要がある。

取り急ぎ、予算があまりなくてもできることとして、東松戸駅周辺から暗い道をなくすことをオススメしたい。

※　※　※

２０１９年半ばの取材時には計画見直しとなっていた東松戸の図書館などを含む複合施設の建設計画だが、その後、動きがあったようなのでここに補足しておく。こちらの計画については２０１９年12月に説明会が開かれ、建物概要や建設スケジュールなどのおおまかな情報が公開されている。それによると、複合施設は鉄骨の2階建てで、松戸市役所東部支所の機能が移転されるほか、蔵書数５万冊以上（予算次第で最大10万冊）の図書館と、乳幼児から中高生までの利用を想定した青少年プラザが併設されるとのこと。工事は２０２０年10月に始まり、２０２１年12月には供用開始される予定だ。東部支所の移転に関しては、現在の東部支所付近に住んでいる人からは距離が遠くなると不満の声もあるものの、ほとんどの住民にとっては子育てにも役立つ公共施設として好意的に受け入れられている模様。現時点では地味な東松戸だが、着々と住みやすさを改善させていくその姿勢は良しである。

広々としたターミナルがある東松戸駅前。駅の南方には畑や森林地帯が広がり、ほどよくのどかな雰囲気が漂う

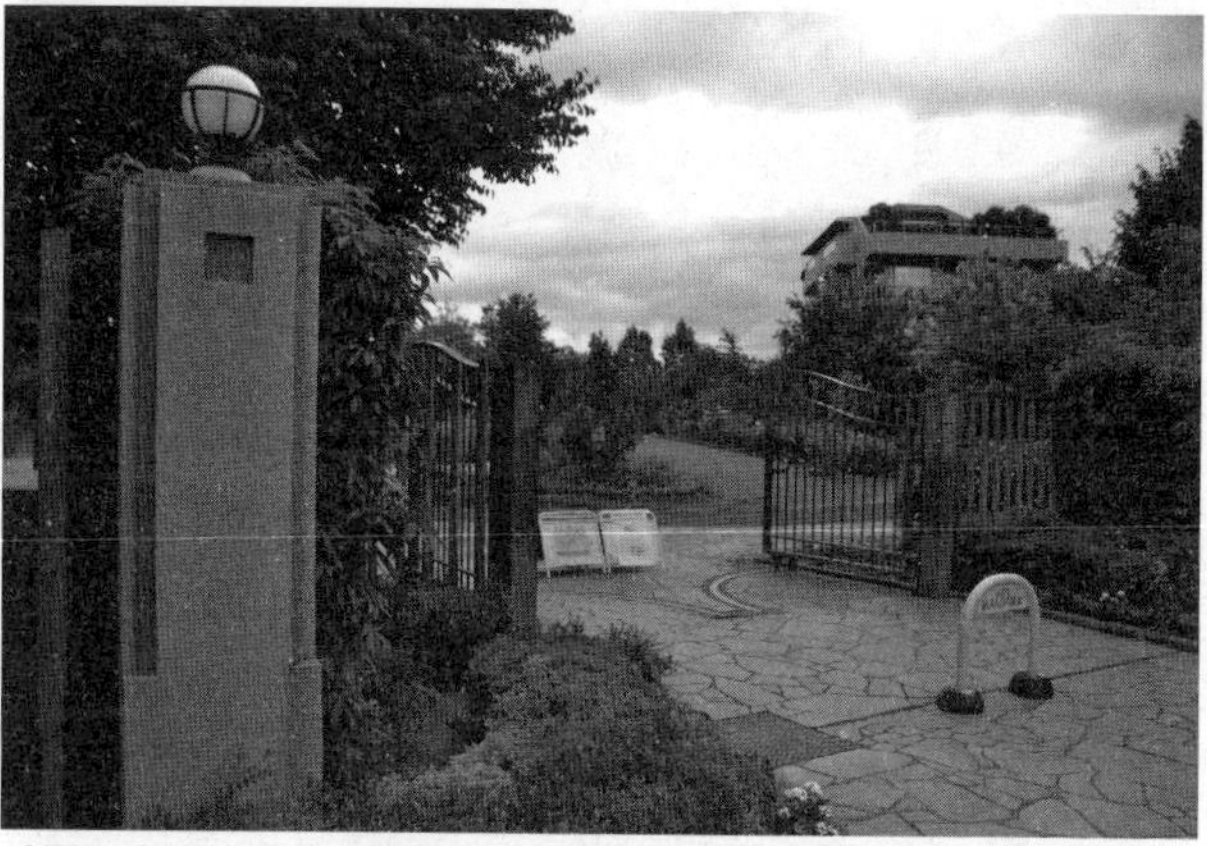

外国の庭園のような雰囲気の「東松戸ゆいの花公園」。クリスマスにはイルミネーションで飾られ、市民の憩いの場になっている

どうなる柏のそごう跡地 市街地のテコ入れはいつ終わる？

人口増で勢いに乗る柏の急発展

かつて「なにもなかった柏」が発展する契機となったのは、１８９６年の日本鉄道土浦線（今の常磐線）の開業後。１９１１年に今の東武アーバンパークライン（書いているだけでも恥ずかしい名称だ……）の前身となる千葉県営鉄道が、１９２３年には同じく北総鉄道が柏に乗り入れてターミナルが完成する。

交通の便がよければ人も集まるわけで、１９５７年には光ヶ丘に日本初となる大型団地がつくられ、市の人口もうなぎ上りで増加する。１９５５年の国勢調査で柏の人口は4万５０００人だったが、５年後には6万人を突破。１９６５年には10万人を超え、さらにその10年後には20万人を突破している。

常磐線の複々線化が完成した当初、柏には快速列車が止まらなかったが、すぐに快速も停車するようになり、より利用しやすい街へと発展していく。人が集まれば次は商業施設もつくらなければと、１９７３年になると柏駅東口にそごうが、同西口に高島屋が相次いで出店した。それと駅とそごうを直結させる、日本初のペデストリアンデッキ（柏ではダブルデッキね）の完成も忘れちゃいけない。柏駅周辺は東口方面に旧水戸街道、西口に国道６号（水戸街道）があって、駅から大通りに抜ける道が何本も放射状に伸びている。その道がそれぞれで商店街を形成しており、駅を挟んで東西の繁華街がつくられているのだ。

その後、平成に入ると建物の老朽化から再開発が行われるようになり、柏高島屋ステーションモールが完成したのを筆頭に、マルイ柏店もリニューアルするなど、東西の駅前再整備事業が進んだ。ただ、この事業はまだまだ終わらない。それどころか、「本当に開発するの？」といったエリアまで事業は広がっている。その再開発事情を東西で見てみよう。

やはり問題は金銭？　そごう跡地の行方

2016年3月、同年9月末をもって、そごう柏店が閉店することが発表された。西口には高島屋があるものの、リニューアルしたといってもステーションモールはただの駅ビルだし、どーんとそびえ立つ東口のそごうは柏のシンボル的存在でもあった。そして何より、てっぺんにある回転レストランが自慢だったのだ。子供のころ、休日に家族みんなで出掛けてちょっと贅沢なランチを、なんて経験をした柏市民も多いのではないだろうか。

話は少し脱線するが、この回転レストラン、今でこそすっかり絶滅危惧種のようになってしまったが、実はそごうの専売特許だったといっていい代物。柏、大宮、船橋、愛知の豊田、奈良、福岡の小倉と、そごうだけでこれだけの店舗に回転レストランがあったのだ。そごうの経営悪化で多くの店舗がなくなってしまい、再生した大宮のレストランも閉店してしまったのが残念である。

さて話は戻って、東口の再開発問題の筆頭が、このそごう跡地である。閉店から3年あまり経つというのに、未だにどうなるかも決まっていない。デッキには人があふれ、隣接するビックカメラも賑わっているからいいようなものの、完全に駅前の巨大廃墟と化している。その話を、柏在住40年で事情通のお父さんに聞いたところ、「地権者がゴネてるからねぇ」とのこと。つまり、一部の地権者と保証金などの問題が解決していないので、その先に進めないというのだ。跡地を買い取った三井不動産からすると、どう利用するか、ある程度は決めているはず。だけど、全地権者との合意がなければ再開発の発表をするわけにもいかず、膠着状態が続いているというわけだ。

跡地利用は市民も気になるところだが、松戸の伊勢丹跡に完成した「キテミテマツド」のように、テナント不足で厳しい船出になるのも困りものだ。ちなみに、本館裏にあった第1駐車場は高層マンションになるそうで、すでに工事が始まっている。

東口の他のエリアを見てみると、飲食店や商業施設が入った高層マンション「ザ・柏タワー」「ＤａｙＯｎｅタワー」が建設された。これらの再開発は平成20年度の「柏市中心市街地活性化基本計画」で打ち出されたもので、いくつかの計画は進展のないままフェードアウトするんじゃないか、と思われたが、ほぼ予定通りに事業が終了している。2015年に発表された「柏駅周辺まちづくり10ヵ年計画」によると、今後はハウディモールの歩行者専用道路化、サンサン通りの常時双方向交通化、各道路の拡張といった整備を進める予定だ。このあたりはまだ時間もあるし、実現もさほど問題ないように思える。それだけにそごうの跡地の行方ばかりがどうしても気になってしまうのだ。

本当に再開発できる？　西口の計画と現状

ところ変わって西口だ。高島屋を中心に賑わってはいるものの、高島屋フラワー通りも西口本通りも車線が広いから、東口と比べると地域の一体感が乏しい。あさひふれあい通りも夜の飲み屋がメインといった感じだし、東口とはまったく違う印象を受ける。

この西口には、ふたつの事業計画がある。「柏駅西口B－2地区第一種市街地再開発事業」は2000年に工事が完了し、「ザ・クレストホテル柏」がオープンしているが、もうひとつの「柏駅西口北地区市街地再開発事業」が問題なのだ。これは、常磐線の線路とフラワー通り、市立柏第一小学校前の通りを結んだエリアをⅠ街区、Ⅱ街区に分けて再開発するというもの。Ⅰ街区は、高島屋など一帯をリニューアルして大規模な商業施設にする計画で、Ⅱ街区には３棟の住宅施設（おそらく高層マンション）を建てて、今のクレストホテルと高島屋の間のスペースに交通広場を整備。交流拠点となる広場や、商業・文化交流施設、教育施設なんかも建てて、周遊道路も整備するという。

で、何が問題なのかというと、そもそもこの計画が持ち上がったのは１９８５年のこと。当初は調査検討を１９８８年からスタートさせるとしていたが、その計画も遅れに遅れ、２０１５年になってようやく再開発準備組合が設立され、２０１７年に事業者が三井不動産に決まったという、なんとものんびりとした計画なのだ。

どうしてここまで計画が遅れたのか。実はこの話にもそごうが絡んでいるというのだ。前出したお父さんによると、「もともと高島屋が入る予定はなかったんだけど、東口にそごうができるんならと、西口に完成した建物に高島屋を持ってきた」という。ところがそれを気に食わなかったのか、そごうが西口駅前周辺の土地も抑えてしまったとかで、こちらも地権者（そごう）と揉めているため、いつまで経っても再開発が進まないそうなのだ。「髙島屋は早く工事をしたいんだよね」とのことだが、すぐ隣には病院もある。そちらも再開発には前向きらしいのだが、まだ建て替えなのか移転なのかといった具体的な話はまとまっていない。

実際にこのエリアを歩いてみると、細い路地が入り組んでいる。すでに用地買収済みなのか、コインパーキングになっているところもチラホラあるが、小さな飲み屋も軒を連ねる古い街並みが広がっている。では、いつになったらこの再開発話が進展するのか？

市議会によると、２０１９年の夏頃から地権者に説明を始め、同意取得を進めるとしており、それが無事に済めば２０２１年度から解体工事に移るという。ただ、西口北地区再開発についてはたびたび議会でも議論されているのだが、資金計画とか、小学校や保育園など移住してくる人たちを受け入れる側の対応についての発表もない。先のお父さん曰く、「何十年も前の計画だけが残って、計画があるから再開発を進めます、という感じ。今の街がどうなっているのか、これから人がどうなるのか、それに合わせた再開発をしていかないとダメだよ」と、少々お酒も入っていたせいか、かなりご立腹の様子だった。

計画がこの通りに進めば、東口とは違い、西口北地区は高島屋を含めた大規模な居住エリアとして生まれ変わることになる。実際、そごうがどこまで食い込んでいるかわからないけど、ようやく30年以上も前の計画が動き出す気配が見えたことは一安心といったところか。

ちなみに先のお父さんも含め、地元の人は「髙島屋は高級感があってよく利用するけど、そごうなんて行かなかった」とのこと。東口すぐの昔ながらの住民も、「近いからそごうにも行っていたけど、買い物ならイトーヨーカドーで十分」だったそうだ。シンボルだったわりにどうにも柏市民に受け入れられなかったそごう。そりゃ撤退も仕方なかったか。

※　※　※

さて、ここからは柏駅周辺の再開発に関する、２０２０年９月現在の最新状況を述べていこう。まず柏駅西口北地区市街地については、準備組合と地権者の間の話し合いに進捗があったようだ。最新の検討案では、柏髙島屋ステーションモールS館が施行区域から除外されたため、再開発の対象となるエリアの総延べ床面積は約28万1000平方メートルから約25万平方メートルに縮小している。総事業費は約1100~1200億円を見込み、柏市は今後、同案に関する市民意見を募集する予定だ。規模が縮小されたのはやや残念かもしれないが、再開発に向けた動きが確認できただけでも良かっただろう。

一方、旧そごう跡地の再開発はというと、こちらは一向に話が進む気配がない。市議会の答弁によると、現在も三井不動産株式会社が権利取得に向けて一部の地権者と交渉を続けているようだが、具体的に跡地をどのように利用するかについては、不透明な状況のままだ。柏市としても早期の方針決定を目指していくとのことだが、市民からは徐々に廃墟っぽさを増していく旧そごうビルを憐れむような声も上がっている。「死して屍拾うものなし」なんて言葉があるけど、早いところ再開発の予定を進めてあげないと、旧そごうビルも浮かばれないんじゃないだろうか。

遅々として進まない東口そごう跡地の再開発計画。モタモタしているうちに、松戸の駅前再開発に先を越されそうだ

東口の喧騒とは打って変わって、西口北地区は店もなければ人もいない。再開発計画の進展も牛の歩みだ

スマートシティを世界に！実験都市・柏の葉の可能性

一からつくられた柏の葉の開発史

今、柏市はもとより、千葉県内でもっとも勢いがあって最先端をいく街が柏の葉だろう。駅前には高層マンションが立ち並び、超優秀な大学があってキレイな公園があって、人気商業施設のららぽーとまである。それだけならどこにでもありそうなオシャレでセレブな街といえるが、ここは未来の新しい街、いわば「スマートシティ」の実験都市という一面も持っている。

もともと柏の葉には、古くはアメリカ空軍の通信基地があり、その後、ゴルフ場もつくられたように（2001年に閉鎖）、広大な土地が余っていた。その基地が1979年に返還されると、そこから再開発が始まる。1985年にはTX（当時の名称は常磐新線）の建設が答申され、柏の葉公園の整備計画が決定されたのもこの年だ（1999年に完成）。1991年に千葉大学の園芸学部付属農場が移転してくると、1995年度には米軍跡地を東京大学が取得。1999年度を皮切りに、都内に点在していた東大の研究所も毎年のように柏の葉に移ってきた。そしてちょうど同じ時期に、柏市も「人と環境にやさしいまちづくり」をテーマに、柏北部中央地区（柏の葉キャンパス駅周辺）の都市計画を発表。ゴルフ場跡地の再開発を三井不動産が手掛けることとなり、約273ヘクタールの土地に約2万6000人が住むための街が整備されていった。

その後、TXが2005年に開業し、その翌年にはららぽーとが完成。2007年に旧県立柏北高校と柏西高校が統合した柏の葉高校ができ、2008年には千葉県、柏市、東大、千葉大の4者で「柏の葉国際キャンパスタウン構想」を発表する。その間、高層マンションの建設ラッシュとなり、今の柏の葉の街が形作られていった。基地やゴルフ場があった場所だから、細かい用地買収などの必要もなく、あれよあれよという間に街が完成したのである。

世界のモデルケースへ！　実験はまだまだ続く

柏の葉スマートシティでは、資源・エネルギー問題や高齢化問題を解決するため、「環境共生都市」「新産業創造都市」「健康長寿都市」という3つのテーマを掲げ、「公（千葉県、柏市など）・民（企業、市民）・学（東大、千葉大）」が連携して、世界の未来像をつくるとしている。

環境への取り組みとしては「柏の葉スマートセンター」でエネルギー管理をしており、各住戸には家電機器の自動制御機能等を標準装備し、地域で使用する電力をカットしてCO_2を削減するとともに、再生可能エネルギーや蓄電池の利用で災害時でも電力を供給できるという。

新産業の取り組みとしては、大学や研究機関などが集まる新産業創造集積のまちづくりを進め、オフィス空間を拠点に企業や起業家のサポートをする。

健康への取り組みとしては、高齢社会都市の提案、自治体と連携した健康事業などを行いつつ、先進医療や予防医療の研究も進め、健康長寿都市を実現させる、としている。

と説明しても、何をいってるのかわからないだろう。要は快適な生活が送れるよう、あらゆるデータを取りながら新しい提案をしていく、ということだ。たとえば東大の研究開発で、柏の葉キャンパス駅と東大柏キャンパスの間に自動運転のバスを運行させる予定で、２０１９年に実証運行を開始し、２０２０年に本格稼働するという。これもスマートシティの取り組みのひとつ。柏の葉に住めばこんな最先端の体験もできるんだか

ら、やはりここの住民は常磐線側とは目線が違う。

柏の葉には、そうした未来の生活を一足先に体験できる「柏の葉ライフミュージアム」「柏の葉スマートシティミュージアム」があった。さまざまな世帯に合わせた最新のモデルルームに、映像や展示で未来の生活を仮想体験できる施設だったのだが、もうその未来に手が届くところまで来ているからか、現在は役目を終えて休館となっている。

とはいえ、柏の葉のスマートシティの取り組みはまだ始まったばかりだ。すでに第1段階として計画された中核街区「ゲートスクエア」はオープンしていて、今後は2030年までの第2計画として、「イノベーションキャンパス構想（駅前街区周辺に住宅一体型の研究開発複合拠点の形成を図るエリアの策定）」に基づき、ゲートスクエア北部にある21万平方メートルのエリアを開発中だ。将来的には柏の葉全体で300万平方メートルを整備し、居住人口2万6000人、年間の来街者数を1000万人とするとしているから、ここに住む人だけでなく、他地域から遊びにくる人や働きにくる人も巻き込んだ壮大な計画を打ち立てている。

そのなかで、柏の葉エリアの民間データ（人や物、サービスなどを通じて集まる各種データ）と、柏市全域の公共データ（行政や交通、医療などのデータ）を連携し、それらを横断的に活用する仕組みを構築するという。それが新たなアプリケーションやサービスの創出につながるのだそうだ。そうして柏の葉で得た実証実績などを柏駅など市街地周辺の活性化や、三井不動産の他地域、さらには海外でのまちづくりにも活用していくという。柏の葉をモデルケースに、世界で同じようなまちづくりを進めるというわけだ。

つまり人類の未来は、柏の葉住民の生活スタイルや行動がカギを握っているといっても過言ではないのかも。しかし、この街のデータが常磐線側の柏や旧沼南町エリアに活用できるかといわれると、人種が違うからビミョーな感じを受けてしまうし、そもそも柏全体が柏の葉のようになっても、街はつまらない。

最後に優等生の街・柏の葉にイチャモンをあえてつけるとするなら、娯楽が少ないことだ。ＴＸの高架下には「柏の葉かけだし横丁」という飲食店街があるけれど、どのお店もちょっと小洒落た感じがして、どうも入りづらい（後ろから見るとけっこうみすぼらしい感じがするけどね）。柏駅前商店街の、あのずらっと並んだ飲み屋の風景が恋しいというのは、筆者のような酔狂の感想だろうか。もちろん駅前にはキャバクラもなければパチンコ屋もない（ちょっと離れたところにパチンコ屋はあるけどね）。まあそれはいいとして、心のオアシスになるようなホンモノの赤ちょうちんが欲しいなと思うのは、街としての歴史が不足しているだけにないものねだりか。

柏の葉に住んでいるスマートなサラリーマンの娯楽を心配するのも余計なお世話だろうが、こうした庶民的なデータこそが、街の活性化のために必要なものなんじゃないだろうか。ここは東大や千葉大のエリートに一杯やりながら、考えてもらいましょ。

※　※　※

そんな柏の葉では、2020年3月に「スマートシティ実行計画」が作成され、いよいよ本格的なスマートシティの実現に向けた動きが活発化してきている。その手法として掲げられているのは、4つのテーマと3つの戦略。ここでいう4つのテーマとは「モビリティ」、「エネルギー」、「パブリックスペース」「ウエルネス」のことだ。具体的には、自動運転バスの導入や走行データのモニタリングによって快適な移動を実現したり、ＩＴの活用や太陽光発電の効率化による効率的なエネルギー運用を目指すほか、ＡＩによる監視・解析技術を用いてより安全な都市空間を形成したり、個人の健康情報をデータ化することで医療・介護サービスの質を向上させるといった内容になっている。

これらを実行するための戦略として考えられているのが、「民間＋公共のデータプラットフォームの構築」、「公・民・学連携のプラットフォームを活用したオープンイノベーションの活性化」、「分野横断型のサービスの創出」の３つ。文字にすると何やら難しそうだが、要はいろんなデータを公・民・学などの分野に捉われず共有して、効率的に活用していこうということだ。

こうした資料の内容やデザインを見ていても、やはり柏の葉は先進的だし、アピールの仕方も上手いと感じる（きっと有能な人がたくさんかかわっていて、お金もかけているんだろうね）。そうした広報力を鑑みても、住みたい街としての柏の葉の人気は、今後も揺るがなそうだ。

美しく整備された柏の葉キャンパス駅周辺。ここに住めれば東葛カーストにおいては右に出るものなしだろう

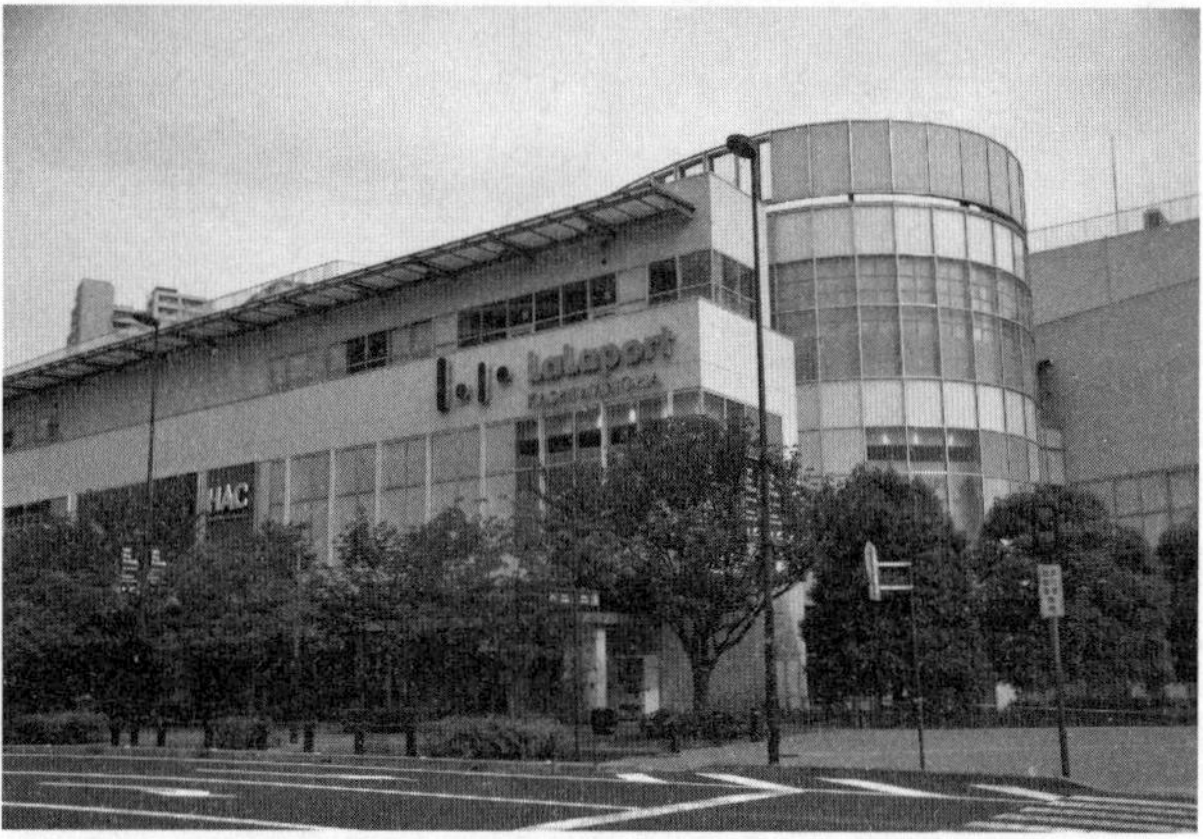

ららぽーと柏の葉があれば買い物には困らない。物足りないのは娯楽施設くらいか

大都市・柏に残された最後の秘境に未来はある？

合併でどうなった？　旧沼南町の開発は進む

かつて東葛にあった沼南町は、豊かな自然を利用した農業が盛んで、台地に畑、低地に水田の広がるのどかな風景が広がっていた。そんな沼南町は2005年、柏市に編入され、面積約42平方キロメートル、人口約4万7000人が加えられた柏市は、2008年に晴れて中核市になった。

もともとは柏市、我孫子市、流山市、沼南町の3市1町による合併が1市1町の合併へとスケールダウンしたのだが、旧沼南町側も合併によるメリットがないわけではなかった。行政サービスの効率化や公共施設の増加、道路網の整備など、ありがたい話が多かったのは事実。地域振興にかかわる役所も旧沼南町の自然があることで、「都市機能と自然が調和する街」といったキャッチコピーを嘘偽りなく打てるようになったのではないだろうか。ともあれ、柏市はだだっぴろい土地を手に入れたのである。

これに反応したのが図太いデベロッパーだ。2005年に手賀沼南部において戸建住宅地の開発を行い、「手賀の杜」なる名称で分譲をスタート。「自然と隣接」「プレミアムな環境」といった売り文句が奏功し、市外から多くの人が流入。地域人口が増加した。また、2016年には国道16号沿いに「セブンパークアリオ柏」がオープン。生活圏内に大型商業施設が完成したことで、旧沼南町地区は、自然だけでなく利便性までもが売りになった。

このように、合併から14年以上が経ち、周囲の環境も変化していった旧沼南町。その様子を肌で実感するため、筆者は柏市東部の秘境へ潜入した。

ホントに何にもないけどこの感じでちょうどいい

旧沼南町エリアは交通アクセスが悪い。手賀沼南部に行こうとした場合、柏駅よりも我孫子駅の方が近い。かといって、我孫子駅前でレンタサイクルを借りるのも面倒くさい（平日の貸し出しもないし）。車がないと生活できないエリアなので、やっぱり車で行くのが正解なのだろう。

まずは沼の周囲を散策。南側はサイクリングロードが整備されていて、平日でも本格的なサイクリストやジョガーの姿を見ることができる。美しき手賀沼のビオトープを目にしながら汗をかくのは気持ちがいい。

曙橋を北側へ渡ると、手賀沼フィッシングセンターがある。ホームページには「ご家族で一日中楽しめる淡水魚の総合レジャーランド」とあるが、人影がまったく確認できないほど閑散としている（きっと平日だからだよね……）。でも、ほど近い手賀川沿いには、普段どのような仕事をしているのかさっぱり見当のつかないおっさんたちが、釣り糸を垂らしている。悠々自適の趣味生活をするにはこのあたりは格好の場所なのかもしれない。

手賀川の北側の飛び地を歩けば、聞こえてくるのは鳥のさえずりと蛙の合唱。いや、遠くに幼稚園でもあるのか、時折、子供たちのはしゃぎ声も耳に飛び込んでくる。チチチチチ、ケロケロ、ピヨピヨ、ゲーコゲーコ、ワーキャー……。

至って平和な世界だが、こうした環境を贅沢ととるか退屈ととるかは、個人によって異なるだろう。下手賀沼南部の飛び地も、瓦屋根の住宅がぽつぽつ見受けられるが、田畑以外は何もない。四方八方見渡しても、うん、本当に何にもないです。

元来た道を引き返す途中、無人の野菜直売所を発見した。ラッキーなことに、野菜生産者と思われる60代くらいの女性が品物を並べていたので、野菜を購入したついでに話しかけてみた。

「この辺りは柏になるんですか？ 柏は都会のイメージですけど、のどかですね」

「一応、柏市。見てのとおり、田んぼと畑ばっかりだけどね」

女性の発した「一応」という言葉からは、そこはかとない自虐のニュアンスが感じられた。「一応、柏市」。旧沼南町住民のなかで、同じようなことを思っている人は案外多いのではないだろうか。だが、ニュータウン組の意識は少々異なる。モダンな住宅が整然と建ち並ぶ手賀の杜エリアは、ほんのり都会的な空気も漂っている。でっかいアリオまで約1・6キロ、家族で楽しめる手賀沼公園（我孫子市だけど）まで3キロという立地はなかなかに住みやすそうだし、

旧住民よりちょっぴり鼻高々である。
旧沼南町エリアを実際に体感してきたが、さらなる開発が必要かと問われれば、筆者は「このへんでストップした方がいいんじゃないの？」と感じた。市の宅地開発で人口が増えれば税収もアップするという理屈はわかるけれど、どういう街にしたいのか、まちづくりの展望もなく開発を進めれば、この地域の牧歌的でのんびりした雰囲気は損なわれてしまうだろう。地元を歩く大勢の子供（おそらく新住民ファミリーの子）が非常に元気な印象を受けたが、「適度なトカイナカ」的な環境がそうさせているのだろう。もう旧沼南町地区はこの立ち位置を貫き、ありのままの姿でいてほしいものである。

手賀沼の周辺は田んぼや畑で囲まれている。柏市側には道の駅や温泉なんかもあるし、案外退屈しないかも？

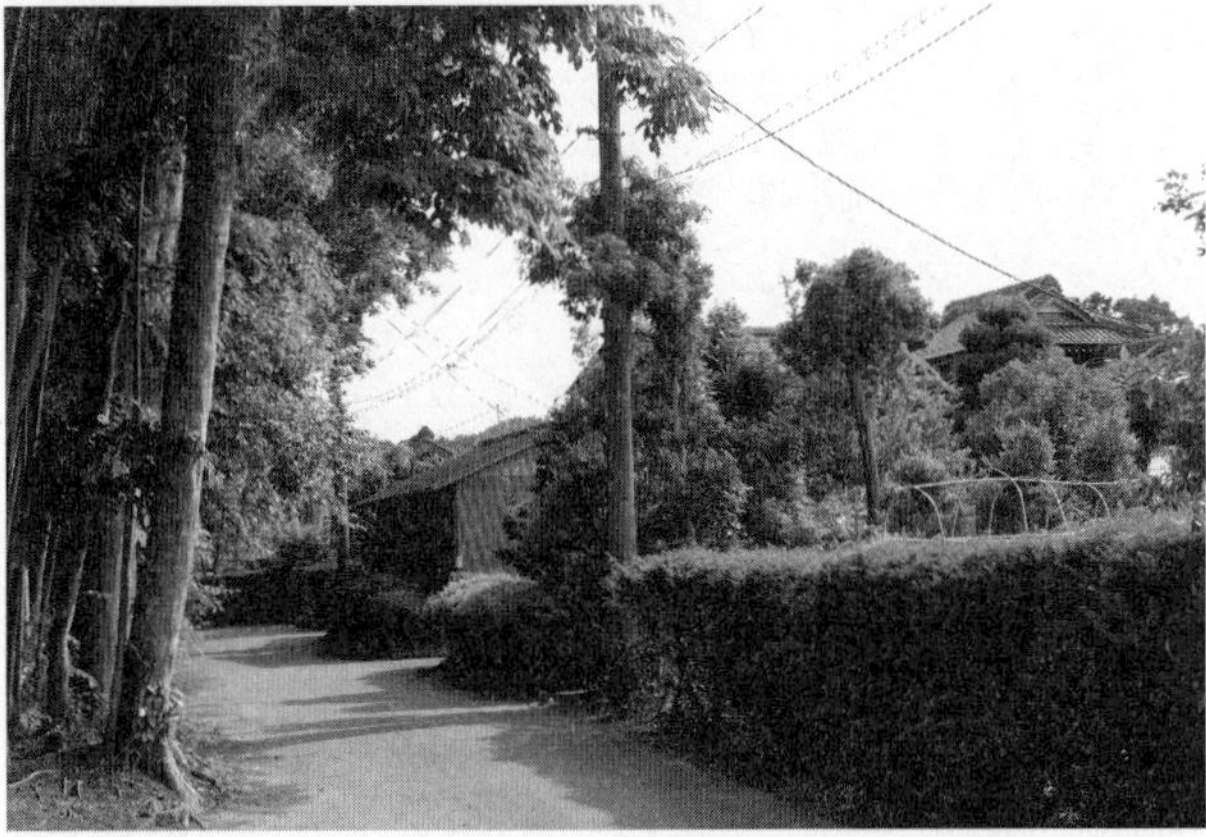

柏市の中心街に比べると緑（というか雑木林？）が多く残っている旧沼南町エリア。ここにもいつか開発の手が伸びるのだろうか……

逃した魚はデカかった……後悔し続ける我孫子の現状

夢と消えた「手賀沼ディズニーランド計画」

かつてはただの漁村に過ぎなかった浦安が一躍大人気スポットとなるきっかけとなったディズニーランドだが、当初の誘致先として手賀沼が候補に挙がっていたことを知る人は、今となっては少数派だろう。

高度経済成長期の１９５９年に持ちあがったこの「手賀沼ディズニーランド計画」だが、もとは東京オリンピックの会場招致に合わせて手賀沼湖畔に大型遊園地を建設する計画が表明されたことに端を発する。「手賀沼観光株式会社」が中心となって進められたこの計画、翌年の１９６０年には柏市役所で発起人代表が事業構想の説明を行い、規模としてはロサンゼルス郊外のディズニーランドを参考にすると述べた。この年、手賀沼観光株式会社は「全日本観光開発株式会社」へと名前を変えて正式に発足。都知事経験者や鉄道会社などの会長・社長が重役に就任したことで、計画は一気に現実味を帯びていった。

この計画にノリノリだった当時の我孫子町議会は、いち早く誘致の受け入れを決定し、1961年1月1日付の『広報あびこ』では2ページにおよぶ特集を組んで大々的に遊園地建設計画を周知した。だが、最も乗り気だったはずの柏市が、地権者との交渉がうまくいかず次第にフェードアウトしていったことで、誘致計画には暗雲が立ち込めはじめる。

工事は東京オリンピックの開催に間に合うよう進められる予定だったが、土地の埋め立てを行ってからというもの、遊園地の建設作業は一向にはじまらず、そうこうしているうちに「埋立地が住宅に転用されるらしい」とか「他社へ転売されるかも」なんて噂話が飛び交うようになる始末。慌てた我孫子は全日本観光開発に対して要望書を提出したが、時すでに遅し。そのころの全日本観光開発は財務悪化で遊園地建設どころではなくなっていた上、そこに手賀沼の水質汚染による環境悪化が追い打ちをかけるかたちになり、ついに計画中止が発表された。結局、ディズニーランドは浦安に建てられることになり、誘致用に埋め立てられた我孫子の土地は住宅地として転用されることになった。

ディズニーランドの誘致という一大計画の頓挫は、我孫子や柏を中心とした東葛一帯の命運を大きく変えたといっても過言ではないだろう。もし手賀沼ディズニーランドが実現していたら、今の我孫子と浦安の立場は逆だったかもしれない……なんて考えたら、我孫子市民としては悔やんでも悔やみきれないんじゃなかろうか。

東葛のお荷物にはなりたくないけど……

このように、市の運命を左右する大きな転機を逃してしまった我孫子。果たして再起の道はあるのか、ここであらためて我孫子という街の現状を振り返ってみよう。

現在の我孫子市は、東京から40キロ圏内にあり常磐線で上野まで約35分という立地で、都内に職場を持つサラリーマンにとっては絶好のベッドタウン。松戸や柏は無理でも我孫子なら……と昭和40年代半ばから平成の頭まで急激に人口を増やした。だが、それ以降はというと、人口減少はないものの、以前と比べると増加傾向はかなり鈍化。つまり、ベッドタウンとしての需要を満たしたら、すっかり人気のない街になってしまったようだ。その証拠というわけではないが、我孫子市の地価を見てみると、駅の真ん前となる本町2丁目を除けばずいぶんとお手頃な価格。その駅前の地価もバブルが弾けて以降、ほぼ毎年下がりっぱなしだし、悲しくなるくらい上がり目がない。

また、駅付近の開発具合も不人気の要因。比較的早くからベッドタウンとして注目されただけに、すでに再開発は終わっているのだが、駅自体が古臭く、どうにも魅力に欠ける。駅前には東急ストアとイトーヨーカドー、国道6号沿いや手賀沼沿いには大型のフードセンターや商業複合施設があって不便ではないんだけど、駅を中心に動く千葉都民の生活スタイルを考えると、駅中心に商業施設を固めて欲しかったような。

明治～大正時代にかけて活躍した白樺派の作家たちの拠点でもあった我孫子には、それを記念した白樺文学館があるけど、観光スポットとしてはやや弱い。

文人たちの旧居跡や、手賀沼の自然や鳥たちについて学べる「鳥の博物館」なんてのもあるけど、いかんせん地味である。ディズニーランドが誘致できていれば、観光資源の少なさを悩む必要もなかったのにねぇ……。

日本一汚いとまで称された手賀沼もそこそこ綺麗になり、ベッドタウンとしては申し分ない環境なのかもしれないけど、新たな住民を呼び込む魅力があるか？　と言われればビミョーな感じなのが今の我孫子の現状。このまま放っておくと、今住んでいる我孫子市民も再開発真っ只中の流山とかに流出しそうな感じもする。白樺派の人たちも実は10年も住んでいなかったというし、住民に愛想を尽かされないうちになんらかの手を打ってほしいところだ。「第二次手賀沼テーマパーク構想」とかどうですかね？　……いや、ないか。

柏市のように大型ではないものの、複合商業施設もそこそこ充実している我孫子。駅から離れているので車は必須だ

白樺派の文人の代表格である武者小路実篤の屋敷跡。敷地内には入れず、門の手前で足止めされるので注意

地域格差激しい流山は勝ち組か負け組か

「住み続けたい街」を目指す流山市

つくばエクスプレスの開通後、人口もうなぎのぼりでウハウハの流山市。2020年8月に20～40代のファミリー層1000人を対象に行われたアンケート（ゼロリノベ調べ）でも、住みたい駅の第3位に「流山おおたかの森駅」が選ばれるなど、その勢いは留まることを知らない。

なぜ、ここまで人気が高いのかといえば、それは東京へのアクセスの良さや、充実した商業施設というわかりやすい魅力に加えて、子育て世代のファミリー層に対する手厚いサポート体制が整えられているからだ。流山市が実施している子育て支援策の代表例としては、通勤と子供の送迎を同時に行える「駅前送迎保育ステーション」や、緊急時などに子供を一時的に預かってくれる会員制の「ファミリー・サポート・センター」、子育て世代に配慮したマンション開発を推進する「流山市子育て応援マンション認定制度」などが挙げられる。また、専業主婦の社会進出・復帰を促進する「女性向け創業スクール」なども開催していて、働き盛りの子育てファミリー世代に対し、さまざまな選択肢を提示している。

東京のベッドタウンとしての側面が強かった流山では、これまで親が東京へ通勤することを前提として子育て支援策を実施してきた。しかし近年は、ＩＴを活用したサテライトオフィスを市内へ積極的に誘致したり、企業内託児所の設置を推進するなど、東京へ行かずとも、流山で子供のそばにいながら働ける環境づくりを目指している。

このように流山が子育ての街としてのブランド力を確立するに至った背景には、流山市役所に設けられた「マーケティング課」の存在がある。自治体にこうした課が置かれたのは流山が日本初で、民間から即戦力の職員を迎えるなどして、市の魅力を効果的にアピールしてきた。こうした企業ライクな考え方と、フットワークの軽さこそ、流山市の大きな武器といえるだろう。

駅前集中型の開発傾向の是非

新住民の呼び込みに成功し、今後ますます発展していくと予測される流山だが、市民からは市内格差の拡大を指摘する声もある。開発が集中しているのは駅の周辺だけで、そうしたエリア以外では郊外になればなるほど不便さが増していくというのだ。確かに人口や地価などを比較しても、「流山おおたかの森駅」や「南流山駅」の周辺は増加・上昇しているのに対し、それ以外の地域（とくに市内北部）では減少・下落傾向にある。流山の郊外には買い物ができるところも遊ぶところもないため、こだわりがなければ柏や松戸に出たほうが手っ取り早い。発展著しい駅周辺を除けば、流山は住むだけの街になってしまっているのだ。

では、郊外の開発に力を入れるべきかというと、筆者はそうは思わない。駅周辺に機能を集中させたコンパクトシティを目指す政策は、インフラ整備の効率化や車依存社会からの脱却といった観点からも推奨されるべきである。日本では今後、さらなる少子高齢化の加速が予測されているわけだし、早い段階から都市運営の無駄を省いていかないと立ち行かなくなる。下手に郊外の施設を充実させようとして開発力を分散させるよりも、首都圏では駅集中型に特化したほうが中途半端にならずにすむと思うがどうだろうか。

まあ、大局的に長い目で見ればコンパクトシティを目指すほうが賢いというのは、郊外暮らしの人たちも頭ではわかっているだろう。ただ、駅前の隆盛っぷりを見ていると、「あいつらだけ特別扱いしやがって」とか「自分たちは見捨てられているのか」といった不満が出てきてしまうのも無理はない。つくばエクスプレスで勝ち組になったかと思われた流山市内にも格差があり、中にははたから見れば負け組に見えてしまう人々がいるのは事実だ。ただ、そうした問題は大きい都市ならどこでも抱えているもので、流山だけが特別というわけではない。むしろ、流山はかなりうまくやっているほうだと思うけどね。

流山市がまだ片田舎だったころの面影が残る流山駅。急激な発展は市内格差という歪みも生み出している

住みたい街に生まれ変わった流山市を象徴する大型商業施設「おおたかの森Ｓ・Ｃ」。髙島屋系列のためテナントも高級志向

厳しく追及された野田市と柏児童相談所
東葛の児童問題の今

日本中を震撼させた虐待事件

東京に程近いベッドタウンとして発展し、閑静な住宅街が広がる東葛。そんなファミリー層を含め多くの人が暮らす地域に、大きな影を落とした出来事があった。それが「野田小4女児虐待事件」だ。

事件が発生したのは2019年1月のこと。小学4年生の女児（当時10歳）の父親から「娘と風呂場でもみ合いになり、意識や呼吸がない」などと通報を受けた救急隊員が自宅に駆け付けたところ、浴室で女児が倒れているのを発見し、その後死亡が確認された。女児は父親から首をつかまれる、冷水を浴びせられる、髪を引っ張られるなどの暴行被害にあっていた疑いがあり、千葉県警は父親と母親のそれぞれを傷害の容疑で逮捕。女児には服の上から見えない部分に集中して複数の痣があり、警察では日常的に虐待が行われていた可能性が高いとみて捜査が行われた。

その後の調べで虐待の具体的な内容が次々と明らかになり（あまりにひどい虐待内容のため、ここでは伏せる）、千葉地方検察庁は父親を傷害致死罪と傷害罪で、父親の暴行を止めなかった母親を傷害ほう助罪でそれぞれ起訴した。2019年6月26日、女児の母親に対して懲役2年6カ月（保護観察付き執行猶予5年）の判決が下され確定。父親については懲役16年の一審判決が下されたが、被告である父親側がこれを不服として控訴したため、現在（2020年9月現在）も裁判は続いている。

厳しく批判された行政の対応

この事件において問題とされたのが、事件の発生前に女児を一時保護していた柏児童相談所をはじめとする行政の対応だ。女児は2017年11月に野田市の小学校で実施されたアンケートの自由記入欄にて、父親から暴力を受けていることを訴える記述をしていた。これを受けて学校側は虐待の疑いがある旨を市に連絡し、管轄である柏児童相談所が女児の身柄を一時的に保護するに至ったのだが、親族宅での療養を経て、結局は虐待再発リスクが高いまま女児を自宅に戻してしまった。

さらに調査が進むと、今度は野田市の教育委員会が前述のアンケートのコピーを児相に無断で父親に渡していた事実も明らかになった。アンケートの内容は、いわば父に対する娘の〝反逆の証拠〟ともいえるものだ。それを明かしてしまえば、父親の娘に対する怒りは増し、虐待が悪化する恐れがあることは想像に難くない。しかし、市教委は父親の「名誉毀損だ」「訴訟を起こす」といった恫喝に屈し、渡してはならないものを渡してしまったのだ。

こうした行政の不手際は、事件の残虐性とともにメディアで大きく取り上げられ、さまざまな反響を呼んだ。市としても責任を重く受け止め、事件発生までの経緯に関与した職員の懲戒処分などを行っている。

必要とされる虐待防止対策

「野田小4女児虐待事件」では柏児童相談所の対応のずさんさが取り沙汰されたが、その背景には管轄区域人口に対して児童相談所の数が少なすぎるといった問題があった。業務が児相に集約されすぎていて職員ひとり当たりの負担が大きく、助けを必要とする児童の支援に十分に手が回らなくなっていたのである。

事件をきっかけに浮き彫りとなったこれらの課題を解決すべく、千葉県社会福祉審議会の専門分科会は２０２０年3月、児相を2カ所増設する新たな区割り案を決めた。これによって柏児童相談所の管轄区域人口は、現在の約１４０万人から全国平均の50～60万人ほどに抑えられるものとみられている。これまで柏の児相では通常の2倍以上の人口をカバーしていたのだから、職員たちの業務がキャパシティを超えてしまうのは必然だったといえる。児童保護に対する県の体制自体に問題があったのだ。

しかし、ただ児童相談所の数を増やせばいいというものではない。必要とされるのは、子供たちの気持ちに寄り添い、必要とあらば保護措置などの決断を素早く下せる質の高い人材だ。千葉県では管轄区域の再編に合わせて虐待対応マニュアルの改訂も行っており、一時保護解除の際の手続きなどがより厳格化されることになった。

一昔前なら子供たちの安全をみんなで守ろうとする地域の繋がりがあったけど、子供に声をかけただけで通報されるようなこのご時世、リスクを負ってまで他人の家庭に口出しをしようという人はほとんどいない（都市部はとくにね）。だからこそ行政には頑張ってもらわないと困るんだけど、あんまり仕事を押し付けると、またパンクしてしまうかも？

東葛・葛南コラム 4

「東京」でも自慢できない八柱霊園

千葉県民は「東京」という言葉にコンプレックスはあるものの、一方で東京ディズニーリゾートだの新東京国際空港だの、千葉なのに堂々と東京を名乗っているものがあることが自慢だったりする。

で、松戸市にも東京を名乗っているものがあるが、それは別に自慢するようなものでもない。だって霊園（東京都立八柱霊園）だし。レジャー施設ならともかく、なんで東京都民の墓が八柱にあるんだよ、と文句のひとつもいいたくなるだろうが、ここで霊園の歴史を解説していこう。

ときは1874年、政府はこれまで墓地だった場所でも、東京の旧市街地などでの埋葬を禁止することとした。これに対して住民の不満が高まったため、翌年に青山、青山立山、雑司ヶ谷、染井、谷中、亀戸など都内9カ所を公共墓地に指定。1889年に東京市が誕生すると、市は青山（青山立山を含む）、

雑司ヶ谷、染井、谷中、亀戸、澁谷の6つを公共墓地に指定する。その後、亀戸や澁谷などが廃止されてしまい、現在も残る4つの墓地だけでは足りなくなったことから、東京郊外に墓地を新設する計画が打ち出された。1923年に多磨墓地が完成し、1935年に完成したのが八柱の墓地で、その際にイメージを変えるため、「霊園」という名称を使うようになった。

こうしてみると八柱霊園には案外長い歴史がある。都の霊園だから地元民には関係ないかと思いきや、松戸市に5年以上継続して住んでいるなど、一定条件さえクリアすれば、利用の申込みができるらしい。でも、これはあくまで「申込みができる」だけ。2018年度の八柱霊園の一般埋蔵施設の公募受付倍率は4・5倍。前年度の5・2倍からは下がっているが、年間管理費も墓地使用量も安い人気の都立霊園だけに、まだまだハードルが高いのだ。

そんな松戸市にもちゃんと市営の霊園はある。ただ、所在地は白井市平塚で、その広さは約9ヘクタール。約105ヘクタール、東京ドーム20個分の広さがある八柱霊園と比べるまでもない。八柱霊園があるから土地がない、というわけでもないだろうけど、市民からしたらなんとも腑に落ちない話だ。

128ヘクタールの多磨霊園に次ぐ規模を誇る八柱霊園。都心のど真ん中にある青山霊園は26ヘクタール、谷中、雑司ヶ谷霊園がそれぞれ10ヘクタール、染井霊園に至っては7ヘクタールしかない。で、これだけ広けれぱ遭遇する可能性が高くなるのが「幽霊」といいたいところ。ここ八柱霊園は心霊スポットとしても有名で、怖いもの見たさの若者が集まってはワイワイ騒いでいる。

八柱霊園で耳にするのが「全身びしょ濡れで立っている若い女性の霊を見た」だの、「軍服姿の霊が出る」だの、「園内にある首吊り自殺をした木を発見すると呪われる」だのという話。なかには具体的な場所を出して、「この近くを車で走るとエンジンが止まる」「このベンチにカップルで座っていると幽霊にちよっかいを出される」といった話もあるが、まあどこにでもある怪談話だ。バリエーションだって代わり映えしないし、「ブラック企業で過労死したサラリーマンの幽霊」なんていう新しい怪談話というのは……聞かない。

幽霊が出るのは草木も眠る丑三つ時と相場が決まっているから、こうした目撃例も夜の出来事だと思われる。だけど、今の八柱霊園は開門時間があるので、夜中に園内で霊を見ることは不可能だし、夜中に見たとすると、それは不法侵入になってしまう。

もっとも、昔は入園時間の制限がなく夜でも入れたそうで、肝試しに来た若者を狙うカツアゲなどの犯罪が多かったという。どう考えたって、幽霊に遭遇するよりよっぽどこっちのほうが怖い。このご時世、下手に襲われれば自分が幽霊になりかねない。そんな最期じゃ成仏できないよなあ。

だが、日中には自転車で園内をショートカットする高校生の集団がいたり、皇居ランナーならぬ「霊園ランナー」が走っていたり、広場にはピクニック気分でお弁当を広げている家族連れがいたり。地元民に無関係と思いきや、それなりに馴染んでいる。お出かけで霊園も悪くないか。南無〜〜。

第５章
東京化する葛南の実像

進展遅い西武船橋店跡地の再開発はどうなった？

惜しまれつつも閉店した西武船橋店

2018年2月28日、1967年の開業以来50年の長きにわたって船橋市民に愛されてきた西武船橋店が閉店した。西武百貨店の多店舗化の先駆けになった同店は、本館とLOFT館および駐車場館からなり、売り場面積は計約4万2400平方メートル。駅周辺地区内ではライバルの東武百貨店に次ぐ規模を誇っていた。最盛期を迎えた1992年2月期には551億円もの売り上げを記録したが、2010年2月期以降は営業赤字が続くようになり、閉店の前年にあたる2017年2月期の売り上げはピーク時と比べて約7割減の169億円と大きく落ち込んだ。

西武船橋店の業績が悪化した背景には、ららぽーとＴＯＫＹＯ－ＢＡＹやイオンモール船橋をはじめとした大型商業施設の進出がある。家族を連れてレジャー気分で遊びに行けるショッピングモールに対し、昔ながらのデパートというイメージの強い西武はどうしても若い層への訴求力が低く、客足はだんだんと遠のいていった。東葛・葛南エリアでもトップの人口を誇る船橋だが、そこに目を付けて次々と出店してくる各企業の間では激しい客の奪い合いが起きており、西武はその競争に負けた形となる。

２０１７年８月には、西武船橋店を傘下に収める流通大手セブン＆アイ・ホールディングスが、百貨店事業の構造改革を推進するとして同店の閉店を発表。閉店直前の２０１８年２月22日からはファイナルカウントダウンセールが実施され、多くの人が足を運んだ。閉店当日には、営業開始前の午前10時から約３００人の行列ができ、その日の最終的な来店者数は約７万人に上った。利用者から「親子３代にわたって西武船橋店を愛用してきたので寂しい」といった閉店を惜しむ声が多数寄せられたことからも、同店が市民に愛される存在であったことがうかがえる。そして、ついに迎えた最後の瞬間、大勢の別れを惜しむファンに見守られながら、西武船橋店は二度と開くことのないシャッターを下ろした。

二転三転している跡地開発計画

西武船橋店の閉店後、焦点となったのはその跡地利用の問題である。2018年2月の閉店当初、株式会社そごう西武を傘下に収めるセブン&アイホールディングスは、グループのデベロッパー会社「セブン&アイ・クリエイトリンク」を活用し、地権者との調整を進めながら複合施設化を視野に入れた開発を検討するとしていた。しかし、その後しばらく音沙汰がなくなり、跡地利用の具体的な協議案が公表されたのは、2018年も終わりに差し掛かる11月半ばのことだった。

この協議案によると、市に建設が提案されたのは地上48階・地下2階の商業施設付き超高層タワーマンションで、低層階には船橋市民文化ホール・中央公民館の機能を移設するとしていた。しかし、この案では移設された市民文化ホール・中央公民館の使用に際して市が毎年約3～4億円のリース料を払い続け、リースが完了する20～30年後にようやく市の所有になるといった案が提示されており、これが市民の間で物議を醸した。この問題については2019年を通して議論が続けられ、反対派からは「市が財政負担のリスクを負うべきではない。市民文化ホール・中央公民館は現状敷地を維持し、西武跡地は民間だけに任せるべきだ」といった意見が寄せられていた。

2020年に入ると新型コロナウイルス問題への対応に追われ、跡地利用に関する議論は一旦先延ばしにされたが、9月になってようやく続報が入ってきた。それによれば、市民文化ホール・中央公民館の移設計画は取りやめとなり、同施設は現状敷地のまま改修工事を行うことに決定したそうだ。一方でLOFT館と駐車場館跡の土地は大和ハウス工業によって取得され、2021年春ごろ完了の予定で解体工事が進められている。

ただ、市民文化ホール・中央公民館の移設が白紙になったこと以外に進展はなく、結局のところ跡地利用に関する具体的な計画は固まっていない。市が手を引いたことで、デベロッパー会社も一からとはいわないまでも計画の見直し

西武船橋店跡の再開発事業の経緯

年月	内容
2018年2月	西武船橋店が50年の歴史に幕を下ろす
2018年11月	旧西武船橋店本館跡の再開発を担当するセブン&アイ・クリエイトリンクの計画案が公表される
2019年3月	市議会で西武跡の開発について市民への説明会を求める陳情が採択される
2020年3月	大和ハウス工業が旧LOFT館・駐車場館跡の土地を取得
2020年8月	大和ハウス工業による旧LOFT館・駐車場館の解体工事に関する報道。工事の完了予定は2021年春ごろ
2020年9月	本館跡に建設される予定の複合施設に市民文化ホール・中央公民館を移設することを断念

※各種資料により作成

が必要になるし、次に具体的な案が出てくるまでどれくらいの時間がかかるかわからない。船橋市民はまだしばらく、放置されたままの旧西武船橋店を、やきもきしつつ、哀れみの目をもって眺めることになりそうだ。

このように、同じ千葉県内では、柏のそごう跡地と似たような状況に置かれている船橋の西武跡地。どちらも地権者との調整などを理由に長い間放置されているけれども、これに関してはいろんな利権が絡んでくるので時間がかかってしまうのは仕方のない面もある。でも、市民としては馴染みのある建物がその後どうなるか気になるところだし、規模的にも地元の発展に大きく影響を与えることから、総じて注目度は高い。

結局は「高層の複合ビル建設」というオチになりそうだが、ウルトラCで意外性のある施設になる可能性もないわけではない。いずれにしろ再開発の担当者には、計画の進捗に関する正確な情報を定期的に発信してもらい、市民を安心させてあげてほしいものだ。

2018年2月末、惜しまれつつ閉店の日を迎えた西武船橋店。当日は集まった多くのファンが最後の瞬間を見届けた

閉店から2年半以上が経過した現在も旧本館は手付かず。旧ＬＯＦＴ館と旧駐車場館は解体工事が進んでいる

金はあっても名門校はない浦安高等教育には向かない地なのか？

ハイソっぽいのに高校のレベルは今ひとつ？

東葛・葛南の教育事情について取り上げた１００～１０６頁では、船橋市や市川市、柏市にエリート高校が集まる傾向があり、スポーツ有名校もそうしたエリア内に集中していることを紹介した。そこでは東葛・葛南の高校の偏差値ランキングも掲載していたわけだが、意外にも浦安市の高校がランクインしていなかったことに気づいた方はいるだろうか。浦安といえば、お金持ちのセレブが集う高級住宅街。当然、エリートぞろいの親御さんたちは教育熱も高そうに思えるのだが、そのわりに浦安市には飛び抜けて優秀な高校がなく、どちらかというと平均～ボトムラインに近い高校が多い。しかし浦安市の成り立ちを考えれば、この現状はある意味仕方のないことでもあったりする。というのも、浦安市は埋め立てによりエリアを急拡大した街であり、その歴史は他の街と比べて非常に浅い。なので古くからの名門と呼ばれるような伝統を持つ中学や高校が存在しないのだ。

もっとも早く創立したのは公立の浦安高校だが、それですら1973年の開校。第一期埋め立てにより誕生した海楽に作られた高校で、周辺の住宅地から生徒を集めるため倍率は高めだが、偏差値的にはおよそ40と平均をだいぶ下回る結果になっている。市内でもっとも偏差値が高いのは東京学館浦安高校の進学コース選抜クラスだが、こちらも数字としては64とエリートというにはやや物足りない。市川や船橋、柏などの一流校と比べると見劣りするのが現実だ。

立地によって事情が違う？　お受験ママは臨海へ

浦安の肩を持つわけじゃないけど、もう少しこの街が抱える特殊事情を見ていこう。新造の埋立地エリアに学校が少ないのはわかるとして、そもそも陸地

だった元町エリアに学校がないのはなぜだろうか？

これも歴史を辿れば理由が見えてくるのだが、埋め立て開始の少し後、1969年に東西線の浦安駅が開通するまでは、浦安は陸の孤島と呼べる状態だった。そもそも人口も少ない寂れた漁村だった浦安には、あえて高校を建てるほどの生徒数がいなかったのだ。

そして、埋立地であっても微妙に格差は発生する。JR京葉線の舞浜駅近辺は、タワーマンションではなく一戸建てが中心のエリアとなっているのだが、一等地に新たに誕生した高い土地を買える世代となると、自然と年齢層は高くなる。よほどの資産家でもない限り、30代前後の若い夫婦がいきなり住めるような土地ではなく、したがってその子供の世代もあまり多くない。また、教育熱の高いエリアだと駅前に学習塾が建ち並んだりするのだが、舞浜駅に限っては、そんなありふれた光景は出現しない。なんせ世界に冠たる巨大アミューズメントパークのために建てられた（それだけでもないけど）駅である。駅を出れば即、夢の国という場所柄、塾どころかリアリズムの象徴であるスーパーも商店街も存在しないのだ。

というわけで、浦安市内で唯一、学習熱やお受験熱が高まるのは、第二期埋め立てで誕生した新町エリアに限られる。事実、新浦安駅の周辺には学習塾も多いし、このエリアのメインとなるタワーマンションや多数の団地には、幅広い世帯層が住んでいる。ここには、多くの小中学校に2つの高校、3つの大学（明海大、順天堂大医療学部、了徳寺大）が密集するように存在する。市内ではなく市外（都内）の私立校などに通う場合、元町＆中町エリアでは利用可能な鉄道路線のラッシュがハンパではなく、通学に使うのには条件が悪い。

結果を出しつつある浦安の小中教育

さて、市内の高校の偏差値だけ見ればイマイチな浦安だが、小中学生の学力に目を向けると、2019年4月に実施された全国学力・学習状況調査の結果は小中ともに全教科で全国平均を上回っている。市の教育委員会が策定した「浦安市教育ビジョン」の改訂版（平成27年度〜平成31年度）によれば、浦安市では小中学校の連携強化による一貫教育や、習熟度に応じた授業を可能にするための少人数教育、タブレットの導入をはじめとしたICT環境の整備など、先進的な取り組みが数多く推進されているようだ。それらすべてが完璧に実践されているとは思わないが、そうした努力の結果が平均よりも高い学力という結果となって表れているとみることもできる。そうした頭の良い子たちの受け皿になるようなレベルの高い高校が市内にできればいいが、そんな子はもっぱら市外のエリート校に通う。このように浦安は「エリート供給」の様相を呈しているのだ。

富の象徴ともいえるタワーマンションがそびえ立つ浦安。しかし、意外と市内の高校は低レベルだったりする

東京の名門校に通おうとしても、浦安駅だと朝のラッシュがキツい。かといって市内のダメ高校にはいきたくないし……

市川市がついに中核市移行に舵を切った！

急務となった保健所の設置

2020年9月4日に開かれた市川市議会の代表質問にて、市長が市川市を早期に中核市へ移行する考えであることを表明した。中核市とは、政令指定都市と並ぶ日本の大都市制度のひとつであり、現在の指定要件は法定人口20万人以上。市川市の人口は約49万人なので、この条件は軽くクリアしている。中核市になると、都道府県の事務権限の一部（主に福祉関係）が市に移譲され、より地域住民のニーズに合わせた行政サービスを行えるようになるとされている。

市川市ではこれまでも中核市への移行の是非が議論されてきたが、これに対して市は慎重な姿勢を保ってきた。そんな腰の重い市川市に中核市への移行を決意させたのが、昨今の新型コロナウイルス問題だ。中核市になった自治体は、地域保健法によって保健所の設置を義務付けられるのだが、これこそが市川市の目的だ。これまで市川市内では県の「市川健康福祉センター（市川保健所）」が運営されてきたのだが、これは市川市と浦安市の両市を管轄する施設であった。そこで市川市は中核市へ移行することで独自の保健所を設置し、健康福祉に関する行政サービスの質を向上させよう考えているのだ。

近年に実施された中核市への移行例としては、2020年4月の茨城県水戸市や大阪府吹田市などが挙げられる。同じ千葉県内の中核市には船橋市と柏市があり、市川市の中核市移行が実現すれば、県内では3例目となる。

中核市移行のメリットとデメリットとは

コロナ禍への対処に迫られてようやく中核市への移行を決めた市川市だが、市がこれまで慎重路線を取っていたことにはそれなりの理由がある。

ひとつは財政面の問題だ。前述したように、中核市移行のメリットは県から権限を委譲されて市が独自のサービスを行えるようになる点にある。しかし、これは裏を返せば、今まで県職員が担当していた仕事を市職員が賄わなければならなくなるということだ。もちろん、現状の人員だけでは間に合わないから、新たな職員の増員や育成が必要になり、結果として人件費は膨れ上がる。実際、市川市が単独で保健所を運営した場合の年間の独自試算として、市側は人件費を含め約4億3000万円の負担増になると予測している。

もうひとつの理由は、これも前述した市川健康福祉センター（市川保健所）の存在だ。市川市は中核市にならずともすでに県から多くの事務権限を移譲をされており、保健衛生に関する事務についても市川健康福祉センターを通じて県と連携が適切に行われていた。そのため、全くのゼロから保健所を設置する場合と比べて、市川市が独自の保健所を持つことで得られるメリットは少ないと考えられていたのだ。

しかし、新型コロナウイルスの感染拡大によって、状況は一変した。行政は感染拡大防止のため、これまでよりも格段に保健衛生サービスの質やスピードの向上を要求されるようになった。また、コロナ禍が世界レベルの大問題にまで発展している以上、収束するまでの間、莫大な費用を投じてでも感染対策を強化する必要性が生まれている。ある意味、コロナ禍対策が大義名分となって行政改革が推し進められる形になっているのだ。市川市は今後、千葉県や浦安市とも協議の上、中核市への移行および保健所の独自設置に向けた手続きを早急に進めていくことになるだろう。

東葛・葛南でもトップクラスの人口を抱える市川市において、コロナをはじめとした感染症対策の必要性は非常に高いといえる。そんな状況下で中核市への移行を表明した市長の判断は、一定の評価に値するだろう。あとは、どれだけのスピード感をもって中核市移行を実現できるかだ。協議に手間取っている隙に何が起きるかわからないし、今後は「新しい生活様式」の必要性も叫ばれている。市長には今、強いリーダーシップが求められているのだ。

市川でタワマン問題がほとんど起きない理由

嫉妬の的になるタワーマンション

２０１９年10月に台風19号が日本列島を襲った際、川崎市武蔵小杉のタワーマンションが内水氾濫の被害にあったことは記憶に新しい。このとき明らかになったのは、富の象徴であるはずのタワマンに隠された脆弱性と、それまで勝ち組とされてきたタワマン住民に対する世間の嫉妬だった。浸水被害でトイレが逆流したり、電気が止まって階段で昇り降りするハメになったタワマン民たちの姿を見て、ネットを中心とした一部の連中からは「ざまあみろ」と言わんばかりの嘲笑と心ない言葉が浴びせられた。普通なら被災した人々の安否を気遣うメッセージがＳＮＳなどに投稿されるものだが、武蔵小杉のタワマン住民に関しては、彼らの困窮っぷりを面白がってネタにするような傾向が目立った。これはひとえに、日頃からのタワマン住民に対する嫉妬や羨望が、被災を機に噴出した結果といえるだろう。

市川ではタワマンが観光スポットに!?

一方、川崎市と同じく東京に隣接する市川市でも、20階を超えるタワーマンションがいくつか建設されている。中でももっとも大きいのが市川南にある「ザ・タワーズ・ウエスト」で、フロア数は45階と東京のタワーマンションにも引けを取らない規模(まあ市川はほとんど東京みたいなものだけどね)。「ザ・タワーズ・イースト」と並ぶ2棟建てのうちの1棟で、最上階にはタワマン住民以外も利用可能な無料展望デッキが備えられている。江戸川沿いの夜景を一望できるこの展望デッキは、市川駅から徒歩3分というアクセスの良さもあって、カップルやファミリーにも人気だという。観光地には程遠い市川の、ちょっとした観光スポットになっているのだ。

市川市内のタワーマンション（20階以上）

マンション名	フロア数	価格帯
ザ・タワーズ・ウエスト	45階	約8500万〜1億2000万円
グランドターミナルタワー本八幡	40階	約5500万〜7500万円
ザ・タワーズ・イースト	37階	約3000万〜7000万円
ガレリア・サーラ	34階	約3500万〜7000万円
パークシティ市川	24階	約5000〜6000万円
クレストシティタワーズ浦安	20階	約3000万〜4000万円

※各種資料により作成

今でこそ街のシンボルになっているザ・タワーズ・ウエストだが、実は13年ほど前の工事中、128本もの鉄筋不足という大欠陥が明らかになって問題とされたいわくつきの物件でもある。その後、補修工事を経てなんとか完成を迎えたのだが、当然ながら購入キャンセルが相次ぎ、しばらくは物件が売れ残る状況が続いた。しかし、喉元過ぎればなんとやら、10年以上が経過した現在ではそうしたトラブルの記憶も薄れ、都心の局地バブルの影響でむしろ値段は上昇傾向にあるという。

次点でフロア数が多いのは、八幡にある「グランドターミナルタワー本八幡」で、こちらは40階建て。駅直結型の構造になっていて、使える路線は都営新宿線・京成線・総武線とまずまずの利便性を備えている。少し離れた場所に大型商業施設のニッケコルトンプラザもあるのだが、目の肥えたタワマン住民の皆さんからすると、これでも遠すぎるらしい（ちょっとやっかみっぽい言い方になったかな？）。

そのグランドターミナルタワー本八幡と向かい合わせに並んでいるのが「ガレリア・サーラ」。条件はほぼ変わらないものの、グランドターミナルタワー本八幡のほうが新しくフロア数も多いため、ガレリア・サーラの住民はグランドターミナルタワーの住民を密かに妬んでいるという噂があったりなかったり。タワマンの住民って、住んでる階の高さでカーストが存在するっていうし、お互い表には出さなくても、心の底では相手を見下してるのかもね（これって庶民の偏見？）。

中には「クレストシティタワーズ浦安」のような、フロア数が20階ギリギリのタワーマンションもある（一般にタワーマンションの条件は20階以上）。ちなみにこのタワマン、浦安と名乗っているけど所在地は市川市島尻だ。これってやっぱり、市川よりも浦安と名乗った方が買い手が付きやすいってことだよね。一時は震災による液状化の影響でイメージダウンしたけど、浦安ブランドはまだまだ健在のようだ。

市川は東京化でやっかみを避けている？

さて、ここまで市川のタワマンについて調べてきたわけだが、その過程で川崎のタワマン民に浴びせられたような攻撃的な意見を見かけることはなかった（まだ表面化していないだけかもしれないけど）。川崎のタワマンに嫉妬や羨望の眼差しが集中したのは、昔から治安の悪いイメージがあった川崎がいきなり成りあがったからという側面はあった。それに対して、ほとんど東京化している市川は成金っぽい印象が薄く、やっかみの対象にはならなかったのではないか。また、一般市民にも展望室が開放されていたり、公立図書館が設置されていたり、隣接の商業モールにパチンコ屋が入っていたりと、通常のタワマンにありがちな、お高くとまった排他的なイメージも緩和されている。市川周辺の住民にとって、タワマンはある程度親しみの持てる存在なのだろう。

しかし、市川市のハザードマップを見るに、江戸川などが氾濫した場合に水害が及ぶ範囲はかなり広い。油断していると武蔵小杉の二の舞になりかねないから、市川のタワマン民には、今からしっかりとした災害対策を練っておいてほしいところだ。

市川市内で最も高層のタワーマンション「ザ・タワーズ・ウエスト」。最上階にある展望デッキは住民でなくとも利用可能だ

タワマンといえば駅に近いのが条件のひとつ。交通の便が良いのはもちろん、商業施設も集中していて暮らしには困らない

八千代市民の悲願！鉄道運賃値下げのカギとは!?

とにかく金がかかった東葉高速鉄道の建設

東京のベッドタウンとしてコツコツと成長を続け、２０２０年3月末には人口20万人を突破した八千代市。しかし、近くに船橋や市川といったデカい市があるから、地味な八千代はどうしても陰に隠れがち。人口も爆発的に増えているとまではいえないわけだけど、そこにはひとつの理由がある。それは、１６3頁でも少し触れた、東葉高速線の高すぎる運賃問題だ。ここでは、八千代がどうしてそんな事態に陥ることになったのかくわしく説明していく。

八千代市は千葉県内でも有数の人口にもかかわらず、１９９６年に東葉高速線が開通するまで、市内に通っているのは京成本線のみという鉄道空白地帯だった。「陸の孤島」などと呼ばれていた八千代市の住民にとって、希望の光になりえた東葉高速線だが、設立から開通にこぎ着けるまでには、様々な紆余曲折があった。

東葉高速線は千葉県船橋市の西船橋駅と、千葉県八千代市の東葉勝田台駅を結ぶ東葉高速鉄道が運営する鉄道路線で、1981年（昭和56年）に第三セクター方式で設立された鉄道会社である。東京メトロ（当時は帝都高速度交通営団）が東西線を西船橋以東の勝田台まで延伸するという内容の答申第15号が出されたのが1972年（昭和47年）。これには鉄道空白地帯の救済という意味も含まれていたが、成田空港開業で予想される京成線の混雑対処が大きな目的だったようだ。

しかし、成田国際空港（当時は新東京国際空港）の土地買収が思ったように進まず、さらに京成電鉄が不動産投資・地域開発で大幅な損失を計上したことにより、国土交通省（当時は運輸省）が計画を凍結。さらに東京メトロが申請を取り下げたため、鉄道建設は完全に頓挫してしまったのである。とはいえ、新たな鉄道の建設を望む声は、自治体や鉄道空白地帯の住民を中心に依然とし

東葉高速鉄道運賃例（切符） 西船橋駅発

	距離(km)	運賃(円)
西船橋	-	-
東海神	2.1	210
飯山満	6.1	370
北習志野	8.1	440
船橋日大前	9.8	520
八千代緑が丘	11	520
八千代中央	13.8	580
村上	15.2	640
東葉勝田台	16.2	640

※東葉高速鉄道 HP より抜粋

東葉高速鉄道各駅の乗降人員（平成30年度）

	人数(1日)	路線内順位
西船橋	60,793	1位
東海神	4,273	8位
飯山満	9,888	7位
北習志野	20,594	2位
船橋日大前	10,157	6位
八千代緑が丘	20,233	3位
八千代中央	12,027	5位
村上	2,992	9位
東葉勝田台	16,208	4位

※千葉県統計年鑑

て多かった。そこで結局は、第三セクター方式で建設されることになったのである。ところが、千葉県の収用委員会が機能していなかったことにより用地買収が難航。オマケに手抜き工事によるトンネルの陥没事故が勃発！　そのうえ計画時期がバブル期だったころと重なっていたもんだから、建設費は文字通り泡のごとくぶくぶくと膨れ上がることになった。これが、後に八千代市民を苦しめる高額運賃の原因となったのである。

東京メトロとの合併で値下げ実現なるか

東西線乗り入れという便利な路線が開通したことにより、鉄道空白地帯の補完が出来た八千代市だが、前述の通り、当初の予定より建設費がはるかに上回ってしまったことにより、その運賃は全国的に見てもトップクラスの高さとなっている。東葛（一部は葛南）にある北総鉄道も高額な運賃で有名だが、東葉高速線は西船橋駅から東葉勝田台駅までの16・2キロの運賃は６４０円。１キロあたりの運賃は約39・5円で、ＪＲの電車特定区間の運賃と比較すると約２

倍以上と高額（北総線は1キロあたり約26円）。ルートは違うとはいえ、京成本線の京成船橋駅から勝田台駅までの運賃が330円であることを考えると、こちらも運賃に約2倍の開きがあるのだ。定期券の割引率が低い北総線沿線住民の間では、財布を落としても定期は落とすなと言われているようだが、低料金な東京メトロ東西線に乗り入れているだけに東葉高速線の方がまだマシなのかもしれない。

もはや八千代市民の悲願となっている東葉高速線の運賃値下げだが、これについては八千代市長も言及している。それによれば、運賃値下げのカギは「東京メトロとの経営統合」にあるらしい。経営統合が実現されれば、運賃は東京メトロと統一されるため、今よりも大幅に値下げされることになるというのだ。東葉高速鉄道株式会社の営業利益は近年上昇傾向にあり、10年前と比べると15億円以上アップしているので、東京メトロ側にも合併のメリットはある。しかし一方で、鉄道建設時の長期債務残高は2019年度で2500億円弱とまだまだ途方もない数字（これでもだいぶ減ったのだが）。抜本的な経営健全化に取り組まなければ、東京メトロとの合併計画は進展しないだろう。正直いって夢物語のような構想だが、市長は「自治体の長となる者が夢を語らずに、誰がこの街を良くしていけるのでしょうか？」と語っている。そこまで言うなら、ぜひ頑張ってもらいましょう。

たしかに高額な鉄道運賃は、日常生活を圧迫する大きな要因だ。八千代市という土地柄を考えるとマイカーは必須でガソリン代がかかる。お父さんの通勤定期は会社が負担してくれるのだろうが、子供が電車で通学するともなれば、定期代も家計に大きく響く。さらに車や家のローンまでのしかかってくるとなると……。

とはいえ、バブル期に一戸建てを購入という残念なパターンでなければ、地価の高い浦安市や市川市なんかと比べれてはるかにマシ。洗練されたイメージが薄い八千代市ではあるけれど、都内へも近く他の葛南エリアより夢のマイホーム実現は難しくない。あとは真の人気タウンになるため、鉄道運賃値下げというピースを埋めるだけである。

順調に人口を増やし、ついに20万人を突破した八千代市。ちょっと地味だけど、静かに暮らしたい人にはピッタリかも

値下げしろ値下げしろと言われ続けてきた東葉高速線。でもまだまだ借金まみれなんだよねぇ……

世界が認めた自然財産
谷津干潟の現状と課題

数奇な運命をたどった谷津干潟の歴史

地図上で習志野市の海岸線に目を向けたとき、南船橋駅の近くに、不自然に四角く残された池があることに気づく。「谷津干潟」と呼ばれるその場所は、ラムサール条約にも登録されている、貴重な渡り鳥の生息地だ。周囲には谷津干潟を一望できる自然観察センターや谷津バラ園（旧：谷津遊園バラ園）、谷津干潟公園が整備され、都市化が進む葛南エリアでは珍しい、自然に触れあえるスポットとなっている。谷津干潟が現在の姿になった陰には、あるひとりの男の執念があった。

その昔、谷津干潟は製塩場や養魚場として使用されていた。それらが暴風雨の被害で廃業となったあとは、京成電鉄によって一帯の土地が買収され、「谷津遊園」が整備される。近隣の船橋ヘルスセンターとともにレジャースポットとして人気を博すが、東京ディズニーランド開園などの流れを受けて閉園。その後、1960年代後半あたりから一帯の海岸線を埋め立てる計画が開始され、地元の漁師たちと補償問題で揉めたりしつつ、長大な埋立地が完成していく。

しかし、現在の谷津干潟エリアだけは、大蔵省（当時）が所有権を持つ土地であったことから埋立を免れた。その結果、水路で海と繋がった長方形の池のような谷津干潟が、埋め立て地の中にポツンと残されるかたちになった。

当初は「変な池が残った」程度にしか認識されておらず、むしろゴミの不法投棄などが相次いでヘドロ化し悪臭を放っていたため、周辺の住民は「はやく埋めたてろ！」と思っていたそうだ。そんな状況を見かねて立ち上がったのが、森田三郎（当時29歳）という男。幼少期に遊んだ思い出の地が悪臭まみれのヘドロ沼と化したことに思うところのあった彼は、単身で谷津干潟の清掃を開始したのだ。

森田は、ちょっとしたゴミ拾いから始めて、やがてヘドロにどっぷりと浸か

谷津干潟の主な歴史

年	出来事
1898年	製塩場や養魚場として利用されるが、いずれも暴風雨の被害により廃業
1925年	京成電鉄が海浜レジャー用地として谷津干潟を含む土地を買収。谷津遊園地として整備する
1940年	放水路整備のため、当時の政府が京成電鉄から谷津干潟を含む土地を買収。その後は大蔵省普通財産となる
1966年	千葉県より「京葉港第二次埋立事業計画」が習志野市に提示される
1971年	習志野・幕張海岸の埋め立て反対運動が起こる
1974年	習志野市が谷津干潟の埋め立てを前提とした土地利用基本計画を立てる。森田三郎氏が単身で谷津干潟の清掃を開始
1977年	度重なる自然保護の請願を受け、国と県が谷津干潟を国設鳥獣保護区に設定することを計画
1984年	谷津干潟の保全を含めた習志野地区共同福利施設の建設事業が決定
1988年	谷津干潟公園を自然生態観察公園として計画
1993年	谷津干潟がラムサール条約登録地となる
1994年	自然観察センターを含む谷津干潟公園が全面オープンする

※各種資料により作成

って清掃作業をするようになっていく。しかし、拾ってきたゴミの処分方法をめぐって周辺住民とトラブルになり、役所や国にゴミを引き取るよう訴えても門前払いされるなど、その孤独な清掃活動は困難を極めた。しかし、不屈の執念でゴミ拾いを続けているうち、谷津干潟は貴重な渡り鳥の生息地であることが発覚。清掃・保全に協力する市民も出始めて、1988年には鳥獣保護区に指定された。そして1993年には湿地保全の国際条約であるラムサール条約登録湿地となった。その後は周辺が公園として整備されたり、貴重な湿地であることのアピールなども始められ現在に至る。危うく埋め立てられるところだった「変な池」が、市の観光名所に生まれ変わったわけだ。ちなみに森田は、後に政界に打って出て習志野市議、千葉県議となっている。

周辺住民を苦しめる悪臭問題

ここで終わればいい話なのだが、この谷津干潟の存在をいまだに迷惑に思っている人々も存在する。その原因となっているのが、水質汚濁などに起因する

「アオサ」という海藻の異常発生。谷津干潟に大量発生したアオサが枯れて腐ると強烈な臭いを放つため、周辺住民にとっては大迷惑なのだ。現在のコロナ禍においては部屋の換気が重要なわけだが、アオサの臭気に悩まされる彼らはおちおち窓も開けられない。市も定期的にアオサの回収およびゴミの除去作業などを行ってはいるものの、国際条約で保護されている以上、大々的に環境に介入することはできない。これに対しては、悪臭の発生は夏場の短い時期に限られること、また臭気拡散の範囲も近隣に限られることから、風向きや場所に応じた部分的な生態系管理で対応できるという意見もある。保護されるべき自然への介入をできるかぎり抑えられるに越したことはないが、臭いに苦しむ周辺住民にしてみれば、「鳥より人間を優先してくれよ……」というのが本音であろう。

波紋を呼んでいる谷津干潟のアオサ問題だが、これに関しては明るいニュースもある。2016年6月、谷津干潟に隣接する県立津田沼高校の生物部が、アオサを原料としたバイオエタノール（生物由来のアルコール）の製造に成功したというのだ。海藻から精製するバイオエタノールはガソリンの代替燃料となるため、再生可能なエネルギーとして近年注目を集めている。津田沼高校でも、迷惑がられているアオサを環境問題や食糧問題の解決に有効活用できないかという発想のもと実験が行われ、見事にエタノールの精製に成功した。今後、海藻を原料とした燃料精製の研究が進んでいけば、今は嫌われ者のアオサが脚光を浴びる日が来るかもしれない。まあ、実現したとしても相当未来の話になるだろうから、周辺住民はまだしばらく臭いに悩まされることになるんだろうけどね。

そんなこんなでトラブル続きの谷津干潟なのだが、都心の近くにあり、例年たくさんの珍しい鳥が飛来する自然の宝庫であることに間違いはない。バードウォッチャーだけでなく、都会の子供たちにとっても気軽に自然と触れ合える貴重な場所だ。臭いはちょっとキツいかもしれないが、習志野の数少ない名所として、これからも市民に愛されるスポットであってほしい。

習志野市は谷津干潟がラムサール条約の登録湿地になった6月10日を「谷津干潟の日」に制定している

谷津干潟を一望できる自然観察センター。備え付けの望遠鏡で観察を楽しめるほか、自然体験プログラムも実施している

東葛・葛南コラム 5

千葉ニュータウンは東葛か葛南か

千葉県北西部の印西市、白井市を中心としたエリアにまたがる千葉ニュータウンは、近年、急激に人口を伸ばしつつある人気の街だ。中核となる印西市は『週刊東洋経済』が発表する「住みよさランキング」で7年連続（2012〜2018年）の国内1位に選ばれるなど、その勢いには目を見張るものがある。

北総線および国道464号沿いに発展したこの街には、「イオンモール千葉ニュータウン」などをはじめとした大型商業施設が多数進出しており、北総エリアでも有数のショッピングゾーンを形成している。また、地盤が固く地震に強い土地であることから、金融機関など多くの企業が拠点を置き、経済・産業においても一帯の中心的存在となっている。加えて、市川市と成田市を結ぶ「北千葉道路」が一部開通したことで、東京都心と成田空港の中間地点にある物流拠点としての重要性が高まり、倉庫群も多く建設された。

千葉ニュータウンが位置する下総台地は坂が少なく、ベビーカーを押す子育て世代や足腰の弱った老人でも歩きやすい。都心とは一定の距離があることから自然も多く残っており、伸び伸びと暮らすにはもってこいの場所だ。

さて、仮にこの千葉ニュータウンを東葛・葛南に組み込むとしたら、この街はどちらに属するのだろうか。お隣の鎌ケ谷からして東葛か葛南かビミョーな立ち位置なので難しいが（この本では東葛としているけど）、千葉ニュータウンは船橋市の一部も含まれるから、どちらかといえば葛南に組み込まれるのかもしれない。とはいえ、そんな区分けなんて必要ないほど千葉ニュータウンは独立性が高いので、この議論自体があまり意味のないものだろう。企業の拠点が多数置かれ、必ずしも東京への通勤を前提とはしていない点も、千葉ニュータウンが東葛・葛南の街と一線を画す要素といえる。そもそも、北総線の運賃が高すぎて通勤に向かないということは、住民なら誰もが知っていることで、東京へのアクセスの良さを売りにしている東葛・葛南のベッドタウンとは街としての性格が根本的に違うのだ。よって、千葉ニュータウンは東葛か葛南かと聞かれたら、やはり、どちらでもないと答えるのが妥当だろう。白井市や印西市のあたりは、東葛・葛南という呼び名のもとになった葛飾郡には含まれてなかったわけだしね。

住民の千葉都民感が強い東葛・葛南と違って、千葉ニュータウンあたりまで都心から離れると、だんだん千葉県民感が増してくる。東京の通勤圏内ではあるけど、ベッドタウンというよりは地方都市に近いのが千葉ニュータウンの実情といえるかもしれない。

第6章
新時代のベッドタウンの模範になれ！

東葛と葛南はベッドタウンとして「首都圏最強」を名乗るに値する？

首都圏でもっとも住みやすいのはどこ？

さて、ここまであらゆる角度から千葉県の東葛・葛南について解説してきたわけだが、同じエリア内でも結構な格差があったり、それぞれの都市ごとに長所もあれば短所もあることはわかってもらえたと思う。それでは、これらの要素を総括したとき、首都圏における東葛・葛南の立ち位置は結局どのように定義することができるのだろうか。最終章となるここでは、東京や埼玉、神奈川といった首都圏の他地域と比較しつつ、東葛・葛南の現状についてまとめていきたいと思う。

まず、東京と比較したとき、東葛・葛南の魅力といえるのは、都心ほどゴチャゴチャしておらず家族でのんびり暮らせて、家賃も比較的安く、戸建ても購入しやすい点だ。実際、東京の集合住宅での人間関係や、周辺住民へ配慮しながら子育てすることに疲れてしまうファミリー層は多く、東葛・葛南はそうした人々の受け皿としても機能している。でも、そうした住環境の良さは首都圏のベッドタウンならどこにでも共通するもので、これが東葛・葛南だけを差別化する要素にはならない。東京に通勤するならば当然、都心で暮らした方が移動時間は減らせるわけで、暮らしやすさと働きやすさはトレードオフの関係になっている。結局、東京に住むか東葛・葛南に住むかの決め手となるのは、その人の家族構成や経済力によるところが大きいだろう。まあ、ベッドタウンという性質上、東葛・葛南にとって東京は依存先であり、そもそも比較対象にはならないという考え方もできるのだか。

　では、同じ首都圏のベッドタウン同士で比較した場合はというと、例えば埼玉県の南部と比べた場合、東葛・葛南の強みはベイエリアが近いことだろう。かの『翔んで埼玉』でもネタにされていたように、海がないことがコンプレックスになっている埼玉県民。対する千葉の東葛・葛南は、浦安のベイタウンや東京ディズニーリゾート、船橋のコンビナートといった、商業・工業の集積地区を擁している。少し足を伸ばせば、海も観覧車も水族館もある葛西臨海公園や、千葉ロッテマリーンズの本拠地であるZOZOマリンスタジアムにも行けるし、近場で東京湾グルメを味わえるなど、レジャーには事欠かない。また、84~91頁でも触れたように、繁華街の治安を比較すると埼玉の大宮あたりはかなり危険。埼京線は痴漢の多い路線としても有名だし、女性の通勤客や子供がいる家庭にとっては、ちょっと敬遠したくなる要素が多い。東葛・葛南でも松戸は治安の悪いイメージがあるが、犯罪発生率は他の街と比べても高いわけではない。むしろ船橋や市川といった葛南のほうが治安は悪いのだが、それでも埼玉の中心地と比べればマシなほうである。ただ、東葛・葛南民にとって渋谷や新宿、池袋といった東京の西側の街は遠く感じられるのに対し、大宮からであれば池袋方面に出るのは簡単。このあたりを行動範囲にしたい若者にとっては、埼玉に住むほうがメリットは大きいといえる。

次に神奈川県のベッドタウンと比較してみると、平地の多い東葛・葛南に対し、横浜などは大半が丘陵地帯で坂だらけ。オシャレなイメージに惹かれて引っ越したはいいものの、実際に横浜に住んでみると、その暮らしにくさにガッカリする人も意外と多い。坂が多いとお年寄りが出歩くにはキツいわけで、自転車を普段の交通手段にするのも難しい。それに、山だらけで開けた土地がないから、東葛・葛南のように大型ショッピングモールをホイホイ建てることもできなくて、結局栄えているのは横浜駅やみなとみらいのある東側の臨海部のみ。臨海部のほうが栄えているのは東葛・葛南も同じだけれど、内陸部でも平地が多いぶん、東葛・葛南のほうが徒歩や自転車、ベビーカーでの移動はしやすいし、各地に大型商業施設がまんべんなく分布していることから、気軽に買い物にも行ける。一方、坂の多い横浜は体力の落ちた老人ほど自動車への依存度が高く、彼らの運転ミスによる交通事故に巻き込まれるリスクもある。内陸部にはこれといった大型商業施設は乏しいし、単純な住みやすさなら東葛・葛南に軍配が上がる部分も多いと思う。

神奈川のベッドタウンといえば、近年勢いづいている川崎はどうだろう。市域が細長く狭い川崎は、商業施設も駅付近に集中しており、東葛・葛南のようにショッピングモールが各地に乱立しているわけではない。内陸の北西部にいくほど住宅地ばかりになっていくのだが、それでも東京と横浜方面のどちらにもアクセスしやすいため、買い物先の候補は十分にある。また、いわずと知れた工業の街でもあり、昔は公害問題も発生したが、近年はクリーンな先進工業技術の発信地になりつつある。タワマンの浸水被害が心配された武蔵小杉も人気は下降するどころか上昇しているし、ダーティなイメージを残しつつも、それが逆に個性となって街の印象を強めている。そういう点では、名前をいわれてもパッとイメージのわかない東葛・葛南の大半のエリアよりも、一歩先を行っているといえるだろう。ただ、やはり市域が狭く東京にも近いぶんゴチャっとしている印象は拭えず、土地も家も割高。余裕のある郊外暮らしに憧れて引っ越すなら、それこそ東葛・葛南や埼玉、あるいは横浜郊外のほうが適している。

緩やかな危機に直面している東葛・葛南

このように東葛・葛南は地味ではあるものの、ベッドタウンとしての完成度・充実度は首都圏の他のエリアと比べても遜色ない。というか、優れている面がかなりある。しかし一方で、東京依存型のベッドタウンとして成長してきたがゆえの弱点を抱えているのも事実だ。

たとえば、人口の増加ペースと、街の発展スピードのバランスの問題。東葛・葛南では大渋滞が慢性化していると述べたが、これは人口増加を見越した計画的なインフラ整備が行われていない証拠ともいえる。「人をたくさん呼び込んで市民税を増やそう」なんてのは小学生でも思いつく発想で、重要なのは呼び込んだ人たちにいかに快適に暮らしてもらうかだ。そのことを忘れ、聞こえだけはいい場当たり的な政策を続けていると、流山市のように、住みやすさを高めて外から人を集めたのはいいものの、行政の対応が追いつかずに問題が発生する事態に陥ってしまう。

また、そうした「住みやすさ」だけに特化したこれまでのまちづくりも、東葛・葛南の個性創出を妨げてきた原因のひとつだ。東葛・葛南は、なまじ東京に近いがゆえにベッドタウンとしての側面が強くなりすぎて、街の自立を促進するような独自産業の発展に力が入れられることはほとんどなかった。東京ディズニーリゾートのある浦安などの臨海エリアを除けば、観光スポットになるような場所は数えるくらいだし、かつて存在した城址などの史跡も、宅地開発を理由に破壊されてしまったものが多い。宿場町としての歴史が深い松戸も、上手くまちづくりをしていれば川越みたいな観光地化ができたかもしれないのに、今となっては無個性な住宅地と無秩序な歓楽街が広がるだけだ。

こうした街としての運営方針は、ひとえに住民が東京へ出て働くなど頻繁に出向くことを前提に推し進められてきたものだが、もし今後、東京に近いことがメリットにならなくなったらどうするのか。本書でも何度か指摘してきたが、コロナ禍で日本における働き方そのものが大きく変化し始めている昨今、東京で働くことの重要度が相対的に下がっていく可能性は十分に考えられるのだ。そうなったとき、果たして東葛・葛南が現在のように「住みたい街」であり続けられるのだろうか？

加えて、同じ東葛・葛南内における都市ごとの格差の問題もある。葛南なら船橋や市川、東葛なら松戸や柏あたりの人口も多く規模も大きい市ならば、仮に今後、東京に依存した街の運営が立ち行かなくなったとしても、方向転換をするだけのスタミナは残されているだろう。しかし、それ以外の街はどうだろうか。東京ディズニーリゾートの人気が衰えない限り浦安は安泰だろうが、規模の小さい八千代や習志野、我孫子、鎌ケ谷などは、住民の高齢化や世代変わりに伴い、人口が流出して存亡の危機に陥る可能性もある。流山も企業誘致などを促進して自立性を高めようとはしているが、単独でどこまでやれるかは不透明。案外、野田のように醤油産業という一芸に秀でた街のほうが生き残る可能性は高いのかもしれない。

有り体にいってしまえば、東葛・葛南は東京のお膝元であることに胡坐をかいてきた街だ。高度経済成長期のバブリーな人口増加にかまけて、住宅地を乱開発したはいいものの、当時は先のことを考えていなかったせいで、いざ人口減少期を目前にした今、自立度の低さという脆弱性を露呈しつつある。このままでは、「住みたい街」から「住みやすいだけの街」に評価が反転する日も、そう遠くないのではないだろうか。それを避けるためにも、本書の締めくくりとなる次項では、これから東葛・葛南が目指すべき、街としての理想の在り方について、筆者の思うところを述べていきたい。

ライバルの埼玉がどんなに頑張っても手に入れられないものは海。
海があるという千葉のロケーションは住む街としての魅力に繋がる

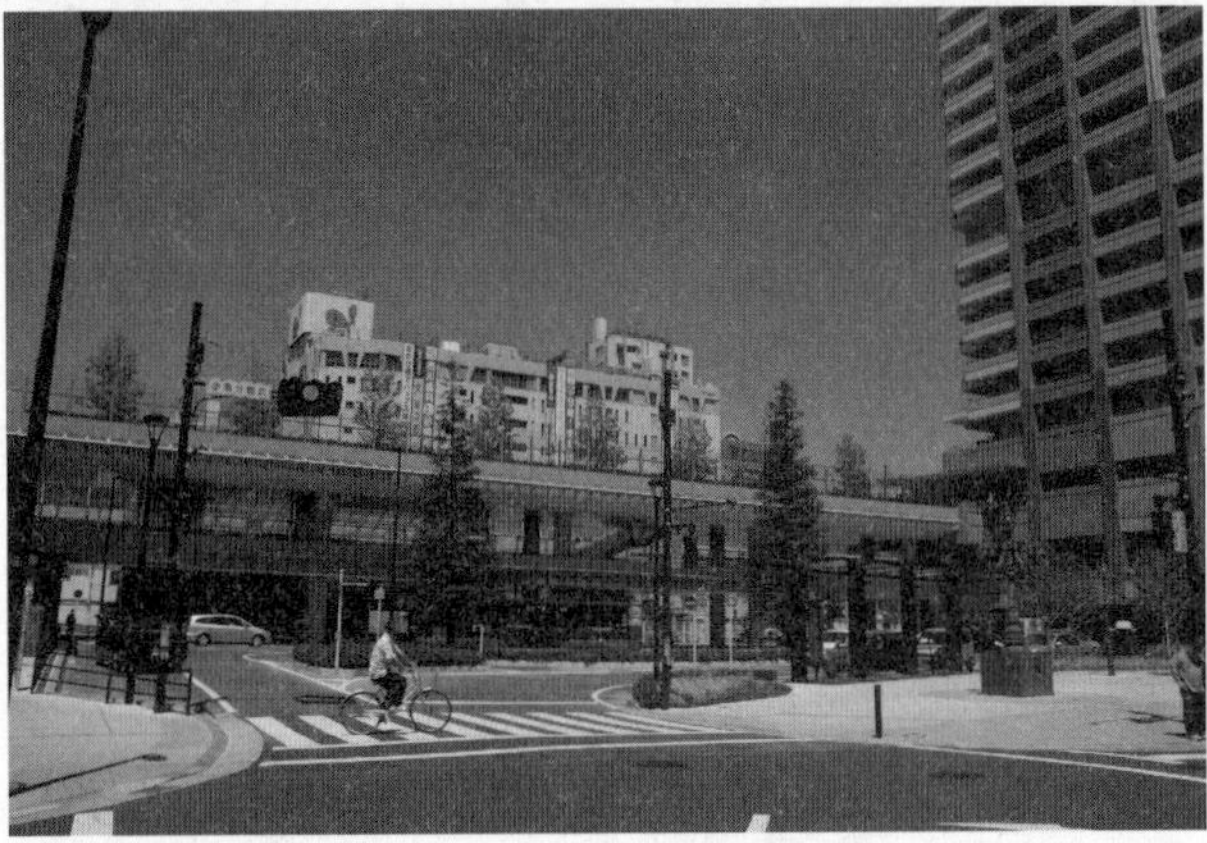

東葛と葛南は地域としてみると地味な印象は拭えないが、ベッドタウンとしての完成度や充実度は首都圏でも屈指だ

東葛と葛南が目指すべき未来の地域の理想像とは

コロナ禍で加速する東京依存脱却の必要性

高い居住性、都心へのアクセス、充実した商業施設などがそろい、一見、首都圏最強のベッドタウンかに思える東葛・葛南。しかし、ベッドタウンというのは結局のところ、東京ありきの存在であって、「東京に近い」というメリットがなければ外から人を呼び込むほどの魅力は少ない。市川市民は東京のヘタな区には負けないとか思ってるかもしれないけれど、市川だって中途半端なダーティさとクリーンさが混じり合う郊外都市の風情を色濃く残しているのに、東京と張り合えるなんていうのは一部の人間の勘違いだ。東葛・葛南がこれから人気の街として生き残っていこうとしたとき、重要になるのは、いかに東京依存から脱却して、独自の個性ともいえる魅力を全国にアピールしていくかということだ。

東葛・葛南が今後目指すべき街の姿について語るうえで無視できないのが、コロナ禍後の社会にどう適応するかという問題。新型コロナの影響でリモートワークを中心とした働き方改革が急速に促進されたのは、みなさんもご存知の通りだ。それに伴って東京を中心とした通勤形態にも変化が起きつつあり、東葛・葛南をはじめとした首都圏のベッドタウンは、自らのアイデンティティについて考え直す岐路に立たされている。とはいえ、なにも今すぐに、東葛・葛南のベッドタウンとしての需要が無くなるというわけではない。しかし、リモートワークを取り巻く環境や技術は今後ますます進歩していくと予想されるし、もし筆者が就活生なら、旧態依然とした東京通勤を強いる会社よりも、社会情勢の変化に柔軟に対応してリモートワークを推進する会社を選びたい。5Gの普及によってさらなる高速通信が可能になっていくわけだし、緩やかにせよ、急速にせよ、世の中が無駄の多いアナログを排除する方向に進むのは間違いない。そうなったとき、東葛・葛南という地域に求められるのは、どのような姿だろうか。仮にリモートワークを前提とすれば、地元を本拠としつつ、必要に応じて東京に出向くという働き方がメインになっていくだろう。つまり、これまでよりも地元で過ごす時間が圧倒的に増えることになる。まともに地元で過ごすのは休日だけといったこれまでの生活様式は変わり、それに伴ってベッドタウンも「住むだけの街」から「住んで楽しめる街」または「働きながら住める街」への変化を求められるだろう。そうした流れも考慮したうえで、東葛・葛南はベッドタウンとしての機能をある程度維持しつつ、徐々に東京への依存から脱却した独自の魅力を持つ都市へと移行していく必要があるのだ。

自立型都市移行の具体策とは？

東京から自立するなんて口で言うのは簡単だが、実際にどう変わっていけばいいのか。考えられる手法はいくつかあるが、まずは商業にせよ産業にせよ、「働く場所」としての機能を東京から地域密着型へ移行させていくことだろう。たとえば流山市では、東京の企業に所属しながら地元で働くことを実現する「シエアサテライトオフィス」の仕組みを早くから導入していた。コロナ以前は企業側からなかなか理解を得られなかったこの仕組みも、リモートワークが当たり前になりつつある今では、むしろ歓迎されるものになっている。その点、流山市には先見の明があったと評価できるだろう。同じエリア内に良い例があるわけだから、東葛・葛南の他の市でもこうした先進的な手法を共有していきたいところだ。

サテライトオフィスは東京にある企業の出張所という扱いだが、これからリモートワークの導入がさらに進み、工場などから遠く離れた東京に本社を置くメリットが薄れていけば、今後は企業ごと地方へ移転するケースも増えてくるだろう。そうなれば、エリア内に多数の工場を抱える東葛・葛南は、企業本社誘致の大チャンスということになる。東葛・葛南に本社を置く企業が増えれば、それだけ働き口も増えて「働きながら住める街」の実現に繋がるわけだ。実際、日本各地の地方自治体ではコロナ禍を好機とみて、企業に助成金を出すなどして本社移転を誘致する動きが活発になっている。東葛・葛南もこの流れに乗らない手はない。

東京へ電車で出向くのではなく、地元にいながらの働き方が増えつつある。そうなるとベッドタウンの存在意義が問われていく

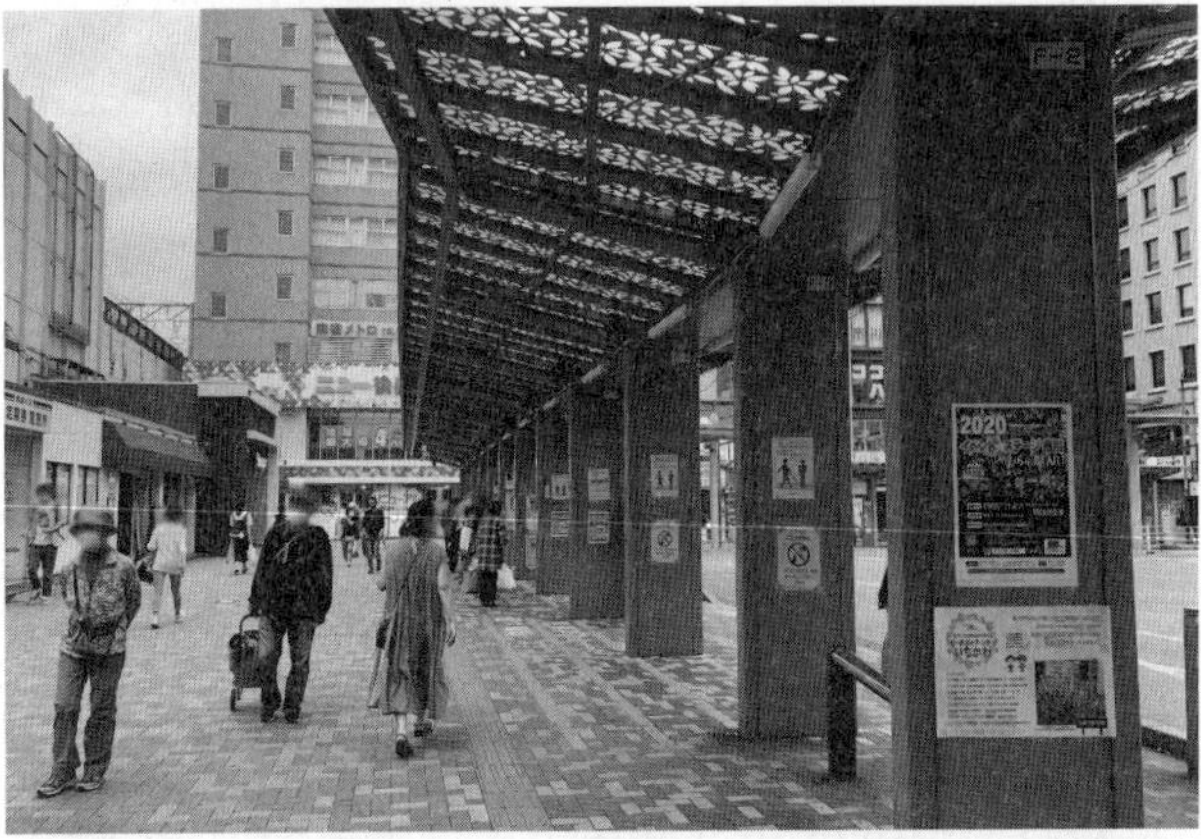

住民がマイカーではなく、バスなどの公共交通機関をもっと使うようになれば、首都圏ベッドタウンの暮らしやすさは格段に増す

また、大型商業施設の利便性や役割についても一考の余地がある。2019年秋に松戸市に開業した「テラスモール松戸」では、近隣を周回するバスを発着させるなど、地域密着を強く意識した店舗運営を行っている。周回バスがあれば車の運転に不安のあるお年寄りにも嬉しいし、自家用車でなくバスを利用する人が増えれば、それだけ渋滞や駐車待ちの時間も削減できる。運転や買い物のストレスが減れば、住民たちの暮らしやすさは格段に増し、それだけでも「住みたい街」として選ばれる理由になるだろう。ただ、今はどこでも駅から大型商業施設への急行バスはあるが、本数は少なめなので、今後は需要に合わせて上手く調整してほしい。加えて、レジャースポットに乏しい東葛では、娯楽の少なさをカバーするために、大型商業施設が住民向けのイベントを積極的に行っていく必要がある。ホントは娯楽施設を増やせればいいのだが、住宅地ばかりの内陸部にいきなりドカンと遊園地を建てるなんてのは無理な話だ（かつて手賀沼ディズニーランド計画もポシャったし）。大型商業施設が買い物や娯楽、育児などのあらゆる面で住民生活の中心となり、地域の活性化に一役買えれば、「住んで楽しめる街」の条件は満たされていくだろう。

コロナ禍による価値観逆転の波に乗れ！

大事なのは、東京に頼らず地域内で完結するコンパクトなサイクルを創り出すこと。地元で働いて、地元で遊んで、地元で寝食する。このシンプルな流れをエリア内に定着させることができれば、いざ東京一極集中が崩れた際にも、揺るぐことのない魅力的な街としての地位を保つことができるし、住民の高齢化やベッドタウンとしての老朽化にも対応できる。これは、なにも難しいことではない。前述した自立へ向けての具体案も、以前からそれぞれの市で少しずつ進められてきた施策の延長線上にあり、それらの必要性がコロナ禍によって急激に高まったというだけなのだ。要は、昼間人口の増加に合わせて、これまで東京が担ってきた機能を少しずつ地方に移していけばよいのだが、どこまでのスピード感をもってそれを実行するかは、今後の感染症対策の在り方などを含めて、慎重に決めていかねばならないだろう。

日本人は今、世界中を巻き込んだ価値観の劇的な変化期＝パラダイムシフトに直面している。保守的な傾向の強かった日本人の間でも東京離れが徐々に進み、今まで田舎とバカにされた地域も、逆にその長閑さが武器になって移住先として注目されつつある。これまでの常識が次々と覆されていく中、勝ち組になれるのは、大きくうねる時流を正しく見極めた者だけだ。東葛・葛南も、ベッドタウンとしてのこれまでの実績やプライドにこだわっている場合ではない。求められているのは、「住んで楽しめる街」や「働きながら住める街」といった、新時代の街へ移行していくことであり、その意欲があることを、しっかりと内外に示さなければならない。

地方自治体同士のアピール合戦は、すでに火ぶたを切りつつある。スタートに出遅れて東京と一緒に沈没……なんて事態に陥らないためにも、東葛・葛南の自治体には気合を入れて頑張ってほしいものだ。

いっそのことだから、それぞれで合併して「東葛市」「葛南市」の2大政令都市構想なんてのもアリかも？　だけれど、これまでの合併構想も散々揉めた挙げ句うやむやになっているから、やっぱり夢物語のまま合併案は消えていくのだろう。結局、ベッドタウンエリアは、地道に働きやすさや住みやすさを拡充していくのが、地味だけど着実なやり方なのだ。

働きながら住める街、東京などの大都会に出なくても自己完結できる街、これからベッドタウンに求められるのはそんな街の姿だ

あとがき

これまで、地域批評シリーズの取材以外でも、プライベートを含め頻繁に足を運んできた東葛・葛南。本来なら勝手知ったる地域ということで何の気負いもないはずが、2020年春以降はコロナ禍ということもあり、どれだけの影響が出ているか気になるところではあった。ただ今回、取材で東葛・葛南を訪れたのは、政府によって「Ｇｏ ｔｏトラベル」などのキャンペーンが打ち出され、日本各地の都市も徐々に活気を取り戻しつつある時期。コロナ以前と変わらず……とまではいかないが、路線の多い駅の周辺ともなれば平日でも多くの人々が行き交い、通勤ラッシュを避けて時差出勤をしているのであろうスーツ姿のサラリーマンも数多く見かけた。同じく平日のオフピークでもショッピングモールの人出はそれなりで、お年を召した有閑マダムのほか、子供連れのママさん集団の溜まり場のようになっていた。スーパーのレジ待ちの列は、まだ間隔を保つ必要があるようで、立ち位置を示すシールがかなり遠くまで続いているところを見ると。きっと休日のピークタイムには長蛇の列ができるのだろう。

コロナ禍の東葛・葛南を歩いてみて再確認したのは、やはりこのエリアは、多くの人にとって生活の基盤であり、その利便性の向上にはこれからも需要があるということ。言い換えれば、まだまだこのエリアには伸びしろがあるということだ。人口減少に慄く地方都市とは違い、流山市をはじめ、まだまだ若い世代を受け入れるチャンスのある街ばかりだ。東京からの人口流出が有利に働く可能性もあるし、首都圏における東葛・葛南の役割は、今後ますます重要になっていくのではないか。そのためには従来のベッドタウン像という殻を破って、働いてよし、住んでよしの「新時代ワークタウン」へと進化していかなければならない。

行政の責任は重大だが、国が「デジタル変革を通じた新しい地域と社会の構築」を打ち出している流れもあり、一発逆転を狙う地方自治体には相当な追い風が吹いているといっていいだろう。東葛・葛南もこの機を逃さず、人々にとってもっと暮らしやすい街を目指して、ガンガン邁進していってほしいものである。

伊勢サトシ・細川恵太

参考文献

・千葉県
『千葉県統計年鑑』 各号
・松戸市
「松戸市統計書」 各号
・柏市
『柏市統計書』 各号
・船橋市
『船橋市統計書』 各号
・千葉県高等学校教育研究会歴史部会
『千葉県の歴史散歩』 山川出版社
２００６年
・宮原武夫
『船橋の歴史散歩』 崙書房出版
２０１１年
・我孫子市史研究センター
『市民による我孫子史研究 我孫子市史研究センタ-40周年記念誌』 つくばね舎
２０１５年

・鎌ケ谷市
『鎌ケ谷市史〈上巻〉』 １９８２年
・鈴木佐ほか／著
千葉氏サミット実行委員会／編
『千葉一族入門事典
日本史を駆け抜けた月星の武士たち』
啓文社書房 ２０１６年
・鈴木 哲雄
『平将門と東国武士団（動乱の東国史）』
吉川弘文館 ２０１２年
・流山市立博物館友の会
『楽しい東葛ウォーク事典』
崙書房出版 ２００９年
・青木更吉
『小金原を歩く 将軍鹿狩りと
水戸家鷹狩り』 崙書房出版
２０１０年
・内田 宜人
『遺聞 市川・船橋戊辰戦争―若き日の
江原素六―江戸・船橋・沼津』
崙書房出版 １９９９年

【サイト】
・千葉県ホームページ
https://www.pref.chiba.lg.jp/
・千葉県警ホームページ
https://www.police.pref.chiba.jp/
・松戸市ホームページ
https://www.city.matsudo.chiba.jp/
・柏市ホームページ
http://www.city.kashiwa.lg.jp/
・流山市ホームページ
https://www.city.nagareyama.chiba.jp/
・野田市ホームページ
https://www.city.noda.chiba.jp/
・我孫子市ホームページ
https://www.city.abiko.chiba.jp/
・鎌ケ谷市ホームページ
https://www.city.kamagaya.chiba.jp/
・船橋市ホームページ
https://www.city.funabashi.lg.jp/

・市川市ホームページ
https://www.city.ichikawa.lg.jp/
・浦安市ホームページ
http://www.city.urayasu.lg.jp/
・習志野市ホームページ
https://www.city.narashino.lg.jp/
・八千代市ホームページ
http://www.city.yachiyo.chiba.jp/
・朝日新聞
https://www.asahi.com/
・読売新聞
https://www.yomiuri.co.jp/
・共同通信社
https://www.kyodo.co.jp/
・産経新聞
https://www.sankei.com/
・日本経済新聞
https://www.nikkei.com/
・毎日新聞
https://mainichi.jp/ ・千葉日報
https://www.chibanippo.co.jp/

・ＪＲ東日本
https://www.jreast.co.jp/
・東京メトロ
https://www.tokyometro.jp/index.html
・東武鉄道
https://www.tobu.co.jp/
・京成電鉄
https://www.keisei.co.jp/
・新京成電鉄
https://www.shinkeisei.co.jp/
・北総鉄道
https://www.hokuso-railway.co.jp/
・東葉高速鉄道
https://www.toyokosoku.co.jp/
・全国地価マップ
https://www.chikamap.jp/chikamap/
Portal?mid=215
・みんなの高校情報
https://www.minkou.jp/hischool/
・ＬＩＦＵＬＬ ＨＯＭＥ'Ｓ
https://www.homes.co.jp/

・ＳＵＵＭＯ
https://suumo.jp/
・ａｔ ｈｏｍｅ
https://www.athome.co.jp/

●編者
伊勢サトシ
1978年東京都生まれ。編集者兼なんでもライター。小学生のころから柏に通っていた常磐線民で、地域の鉄道事情に精通。大人になっても柏はお気に入りの遊び場。

細川恵太
1988年神奈川県生まれ。自己啓発系、オカルト系、ゲーム系など、幅広いテーマの書籍制作に携わる編集者兼ライター。葛南の臨海部はオタク系イベント会場のイメージが強い。

地域批評シリーズ㊻　これでいいのか 千葉県 東葛・葛南
2020年11月19日　第1版　第1刷発行

編　者　伊勢サトシ
　　　　細川恵太
発行人　武内静夫
発行所　株式会社マイクロマガジン社
　　　　〒104-0041　東京都中央区新富1-3-7 ヨドコウビル
　　　　TEL 03-3206-1641　FAX 03-3551-1208（販売営業部）
　　　　TEL 03-3551-9564　FAX 03-3551-0353（編　集　部）
　　　　https://micromagazine.co.jp
編　集　岡野信彦 / 清水龍一
装　丁　板東典子
イラスト　田川秀樹
協　力　株式会社エヌスリーオー / 髙田泰治
印　刷　図書印刷株式会社
※本書の内容は2020年9月30日現在の状況で制作したものです。
※本書の取材は新型コロナウイルスによる緊急事態宣言の発令前と、移動自粛要請が緩和された後に行っています。

2020 Printed in Japan　ISBN　978-4-86716-075-6　C0195